U0955689

商业银行模拟运营决策仿真系统教程

主　编◎马　丽
副主编◎高峻峰

SHANGYE YINHANG MONI YUNYING JUECE FANGZHEN XITONG JIAOCHENG

西南财经大学出版社
Southwestern University of Finance & Economics Press
中国·成都

图书在版编目(CIP)数据

商业银行模拟运营决策仿真系统教程/马丽主编.—成都:西南财经大学出版社,2019.10
ISBN 978-7-5504-3985-6

Ⅰ.①商…　Ⅱ.①马…　Ⅲ.①商业银行—运营管理—仿真系统—教材
Ⅳ.①F830.33-39

中国版本图书馆 CIP 数据核字(2019)第 121345 号

商业银行模拟运营决策仿真系统教程

主　编　马丽

副主编　高峻峰

责任编辑:植苗

封面设计:墨创文化　张姗姗

责任印制:朱曼丽

出版发行	西南财经大学出版社(四川省成都市光华村街 55 号)
网　　址	http://www.bookcj.com
电子邮件	bookcj@foxmail.com
邮政编码	610074
电　　话	028-87353785
照　　排	四川胜翔数码印务设计有限公司
印　　刷	郫县犀浦印刷厂
成品尺寸	185mm×260mm
印　　张	11
字　　数	266 千字
版　　次	2019 年 10 月第 1 版
印　　次	2019 年 10 月第 1 次印刷
印　　数	1— 2000 册
书　　号	ISBN 978-7-5504-3985-6
定　　价	30.00 元

前言

国家要求高等学校要把建立和完善实践教学体系作为提高教学质量的重要内容。根据教育部关于质量工程、实践教学体系的要求，改进现有的教学模式，给学生创造更多的实践机会和提高职业技能，培养学生的动手能力和自主创新能力，使之成为能够尽快适应社会环境的合格毕业生，是高等教育教学改革的一个重要方向。

商业银行模拟运营决策仿真系统①是让学生通过“做”来“学”。学生被置于一个几近真实的商业大环境中，面对严格执法的监管机构和良莠不齐的客户，需要切实地将所学的银行经营管理理念和技能付诸实践进行具体的操作，使学生对所学的理论知识理解更透、记忆更深，同时学生也能体会并触摸商业银行具体的经营运作方式。

本书是教育部2017年第二批产学合作协同育人项目成果，是商业银行模拟运营决策仿真系统的配套教材。为了更好地与实务接轨并体现实验的灵活性，书中将部分数据设置为填空，由师生在教学过程中根据实际数据填写，并根据实际数据展开后续内容的教学。本书既可以作为实验课程的指导教材，也可以作为商业银行经营学理论课程的补充教材。

由于编者水平有限和时间仓促，本书难免存在不足之处，恳请各位读者给予批评指正。

马丽

2019年5月于昆明

---

① 仿真系统资料下载地址：www. jiecl. com。

目录

1 / **第一章　商业银行模拟运营决策仿真系统概况**

第一节　商业银行模拟运营决策仿真系统简介 …………………………… (1)

一、商业银行概述 ………………………………………………………… (1)

二、商业银行模拟运营决策仿真系统概述 ……………………………… (2)

三、商业银行模拟运营决策仿真系统课程特色 ………………………… (2)

第二节　商业银行模拟运营决策仿真系统教学组织 ……………………… (3)

一、商业银行模拟运营决策仿真系统教学过程 ………………………… (3)

二、商业银行模拟运营决策仿真系统工具 ……………………………… (5)

第三节　商业银行模拟运营决策仿真系统指导书 ………………………… (6)

一、课程概况 ……………………………………………………………… (6)

二、实验课程设计目的与考核 …………………………………………… (6)

三、实验内容与项目概述 ………………………………………………… (8)

四、课程实验进度控制 …………………………………………………… (13)

15 / **第二章　商业银行模拟运营决策仿真系统角色职责和运营规则**

第一节　商业银行模拟运营决策仿真系统角色及职责定位 ……………… (15)

一、央行和银保监会（团队）的职责 …………………………………… (16)

二、商业银行（团队）相关角色的职责 ………………………………… (16)

三、房地产企业（团队）相关角色的职责 ……………………………… (20)

第二节　央行和银保监会（团队）的规则 …… (23)
一、市场流动性和 CPI 目标 …… (24)
二、流动性调整规则 …… (24)
三、CPI 调整规则 …… (25)
四、监管规则 …… (25)
第三节　商业银行（团队）运营规则 …… (26)
一、负债业务规则 …… (26)
二、资产业务规则 …… (28)
三、中间业务规则 …… (30)
四、银行资本规则 …… (31)
五、其他规则 …… (32)
第四节　房地产企业（团队）运营规则 …… (32)
一、开发规则 …… (32)
二、投融资规则 …… (34)
三、土地相关规则 …… (35)
四、订单竞标规则 …… (36)
五、政府监管规则 …… (37)

38 / **第三章　商业银行模拟运营决策仿真系统实物沙盘版演练**
第一节　商业银行模拟运营决策仿真系统起始状态设定 …… (38)
一、模拟房地产企业情况 …… (38)
二、模拟商业银行情况 …… (45)
第二节　商业银行模拟运营决策仿真系统实物沙盘版经营新一年演练 …… (50)
一、商业银行模拟运营决策仿真系统实物沙盘版经营演练前准备 …… (50)
二、商业银行模拟运营决策仿真系统实物沙盘版经营演练年 …… (59)

77 / **第四章　商业银行模拟运营决策仿真系统软件版演练**
第一节　商业银行模拟运营决策仿真系统软件版演练前准备 …… (77)
一、登录系统 …… (77)
二、教师端教学管理 …… (83)
第二节　商业银行模拟运营决策仿真系统软件版经营演练年 …… (90)
一、年初事宜 …… (90)
二、信息查询 …… (94)
三、第一季度业务 …… (95)

四、第二季度业务 ………………………………………………………… (107)
五、第三季度业务 ………………………………………………………… (111)
六、第四季度业务 ………………………………………………………… (114)

119/ **第五章　商业银行模拟运营决策仿真系统银行稳健运营决策**

第一节　商业银行模拟运营决策仿真系统银行稳健运营分析 ……………… (119)
一、商业银行稳健运营关键决策点分析 ………………………………… (119)
二、案例商业银行概况 …………………………………………………… (120)
第二节　商业银行应对银保监会监管决策 ………………………………… (121)
一、确保资本充足 ………………………………………………………… (121)
二、确保银行资产安全 …………………………………………………… (124)
三、提升盈利能力 ………………………………………………………… (125)
四、确保流动性充足 ……………………………………………………… (127)
五、态度评价 ……………………………………………………………… (128)
第三节　商业银行负债业务决策 …………………………………………… (128)
一、可用资金成本率 ……………………………………………………… (128)
二、个人存款业务 ………………………………………………………… (130)
三、对公存款业务——银企双赢决策 …………………………………… (133)
第四节　商业银行资产业务决策 …………………………………………… (133)
一、商业银行资产业务收益状况的衡量 ………………………………… (133)
二、商业银行贷款规模决策 ……………………………………………… (135)
三、商业银行企业贷款定价决策 ………………………………………… (137)
四、房地产企业贷款偿还决策 …………………………………………… (142)
五、商业银行其他资产业务决策 ………………………………………… (142)
第五节　商业银行其他业务决策 …………………………………………… (143)
一、商业银行中间业务决策 ……………………………………………… (143)
二、商业银行网点和团队建设决策 ……………………………………… (144)
第六节　商业银行应对流动性调节决策 …………………………………… (144)
一、流动性含义及计算 …………………………………………………… (144)
二、流动性的预测 ………………………………………………………… (145)
三、流动性的预测结果的使用 …………………………………………… (146)

148/ **第六章　商业银行模拟运营决策仿真系统运营记录**

第一节　商业银行核心业务运营记录 ……………………………………… (148)

第二节　房地产企业核心业务运营记录 …………………………………… (153)

159/ **附录 1　商业银行模拟运营决策仿真系统实用工具**

附 1　资金规划表 ………………………………………………………… (159)

附 2　商业银行公告单 …………………………………………………… (161)

附 3　房地产企业公告单 ………………………………………………… (163)

附 4　各类协议文本 ……………………………………………………… (165)

168/ **附录 2　商业银行模拟运营决策仿真系统实验报告**

第一章 商业银行模拟运营决策仿真系统概况

■**教学要点**

了解商业银行业务和商业银行模拟运营决策仿真系统；了解商业银行模拟运营决策仿真系统课程特色；掌握商业银行模拟运营决策仿真系统教学组织过程；掌握商业银行模拟运营决策仿真系统常用工具。

第一节 商业银行模拟运营决策仿真系统简介

一、商业银行概述

商业银行是以追求最大利润为目标，以多种金融负债和金融资产为经营对象，能够利用负债进行信用创造，全方位经营各类金融业务的综合性、多功能的金融服务企业。

商业银行的业务包括负债业务、资产业务和中间业务。负债业务是银行吸收资金的主要来源，是银行经营的先决条件，是保持银行流动性的手段，包括存款、同业拆借、向中央银行借款、回购协议、转贴现、发行金融债券等；资产业务是银行资金运用的途径，最重要的资产业务是贷款，还包括现金资产、准备金、债券投资等；我国银行的中间业务是指不构成银行表内资产、表内负债的非利息收入的业务，包括收取服务费或贷款买卖差价的理财业务、咨询顾问、基金和债券的代理买卖、代客买卖资金产品、代理收费、托管、支付结算等业务。

商业银行经营的目标：安全性，即商业银行应努力避免各种不确定因素对它的影响，保证商业银行的稳健经营和发展；流动性，即商业银行能够随时满足客户体现和必要的贷款需求的支付能力，包括资产的流动性和负债的流动性两重含义；盈利性，即商业银行经营活动的最终目标，这一目标要求商业银行的经营管理层在可能的情况下，追求银行利润的最大化。

我国在对银行业的监管方面，在中国银行保险监督管理委员会（下简称“银保监会”）成立以后，中国人民银行只负责货币政策调控等一系列非直接监管金融机构的任务，即货币政策和跨行之间的资金往来，如利率的调整、银行之间的结算支付、一些新业务等。银保监会根据授权，统一监管管理银行、金融资产管理公司、信托投资公司以及其他存款类金融机构，维护银行业的合法、稳健运行，包括金融机构的市场准入、运行监督和依法查处违法违规行为。

二、商业银行模拟运营决策仿真系统概述

商业银行模拟运营决策仿真系统作为金融银行市场运行的仿真教学系统，把宏观经济简化、抽象并设计在仿真系统中，通过商品市场和金融市场的模拟运营，形成宏观统计数据，为中央银行（下简称“央行”）与政府宏观政策提供依据。商业银行模拟运营决策仿真系统规则虽然设计简单，但涵盖商业银行经营与管理的主要知识点。学生通过商业银行沙盘的演练，可以加深对理论知识的理解和掌握，并能较好地与现实生活结合起来。

商业银行模拟运营决策仿真系统是针对理论性、专业性较强的商业银行经营与管理课程设计的角色体验平台，由决策仿真系统教具和教学软件组成。课程将学生分成若干个团队，分别代表商业银行、企业客户等。其中，央行和银保监会由商业银行和企业竞争组成或者单独成立，扮演监管层角色；每家模拟商业银行由4~6名学生组成，学生分别担任行长、客户经理、信贷经理、综合柜员、会计主管等职务；每家模拟企业客户由4~6名学生组成，学生分别担任总经理、运营经理、市场经理、会计主管、财务经理、理财经理等职务。模拟商业银行和企业客户通过商业银行模拟运营决策仿真系统进行6年对抗演练；在每年经营结束后，经营优秀的商业银行及企业分别进行经验交流，而央行和银保监会则对自身的宏观目标实现情况进行总结。该课程通过角色扮演和转换，以及商品市场和金融银行市场相互作用充分表现出来，以此加深学生对理论知识的理解。

三、商业银行模拟运营决策仿真系统课程特色

进入20世纪80年代以后，国际高等教育界逐渐形成一股新潮流，那就是普遍重视实践教学、强化应用型人才培养。国内诸多高校近年也纷纷在教育教学改革探索中注重强化实践环境，因为人们已越来越清醒地认识到，实践教学是培养学生实践能力和创新能力的重要环节，也是提高学生的社会职业素养和就业竞争力的重要途径。

商业银行模拟运营决策仿真系统课程通过筹码推演和角色扮演模拟商品市场和金融银行市场运营过程，营造真实经济环境，让学生体会现实生活中的企业客户、商业银行、政府相关部门、央行和银保监会、消费者之间的经济行为。本课程集实战性、操作性、体验式于一体，通过情景模拟、角色实践等方法让学生通过游戏体验商业银行运行与宏观金融调控，让每个学生都有针对性收获。具体来说，该课程具有以下特点：

1. 情景模拟直观生动

商业银行模拟运营决策仿真系统通过软件模拟出一个金融银行市场运行和宏观金融调控相互作用、相互影响的经济环境。各模拟商业银行通过个人存款竞标、对公贷款竞标与谈判、消费贷款谈判、对公存款竞标、编制财务报表等一系列商业银行的运营业务，使学生对商业银行的运营过程有所了解，注意理性决策的重要性；各模拟企

业客户通过对公贷款竞标与谈判、要素竞标、工程实施、订单竞标、编制财务报表等一系列企业的运营业务，使学生对企业的运营过程有所了解，注意理性决策的重要性；央行和银保监会团队收集各商业银行和企业客户的经营数据信息并形成当年宏观统计数据，基于数据分析发布新的宏观经济政策，使学生对商品市场和金融银行市场以及宏观金融调控的关联性理解更加透彻。通过沙盘实现体验式教学，学生对于抽象经济理论有了新认识，学以致用；通过角色扮演，增强学生团队意识和竞争热情，提升学生发现问题、分析问题和解决问题的能力。

2. 易于学生发现课程间的联系，提升综合能力

金融，即资金的融通。现实生活中，实体经济和虚拟经济两者之间紧密联系，但是仅仅依靠教师在授课中的讲解，是无法使学生深入理解两者之间的联系的。在商业银行模拟运营决策仿真系统课程教学中，利用模拟企业客户和商业银行之间的资金往来，形成模拟社会的宏观数据，使学生充分理解宏观数据汇总过程及宏观金融调控对金融银行市场的影响。

3. 提升团队合作精神

在商业银行模拟运营决策仿真系统中，学生作为模拟商业银行和模拟企业的员工，均有必须完成的本职工作。若要使商业银行及模拟企业稳定、快速地发展，不能是各部门的单打独斗，必须是建立在部门之间相互沟通与合作的基础上。这就要求小组成员集思广益、分工协作，相互之间不断交流和探讨，以实现商业银行和企业经营最优化。

第二节　商业银行模拟运营决策仿真系统教学组织

一、商业银行模拟运营决策仿真系统教学过程

（一）竞选央行和银保监会团队

如果实验安排为固定的央行和银保监会，那么可以略过这一步，直接发布经济政策。如果实验安排为竞选，那么从第二年开始，由全班各组竞选央行和银保监会团队。央行和银保监会团队的宏观经济目标包括：CPI（居民消费价格指数）和流动性，其中CPI目标为0，流动性目标为第一年的流动性。各组的重点在于政策的颁布，主要包括：存款准备金率、央票发行规模、国债发行规模、首付款比例、土地供给量和增值税率等。一旦竞选成功，将要按照竞选时颁布的政策开始新一年的运行。

（二）组建模拟商业银行和企业客户

商业银行模拟运营决策仿真系统由1个央行和银保监会团队、4~6个商业银行团队以及4~6个企业客户团队组成模拟经济环境。通常以随机方式将参加课程的学生进行分组，每个组有4~6名学生，每个小组将构成一个模拟商业银行或企业客户，并抽签决定是商业银行还是企业客户。

（三）确定岗位分工和职责

各个模拟商业银行、企业成立后，将根据商业银行模拟运营决策仿真系统要求，明确商业银行和企业客户的组织架构、岗位设置及其职责。在商业银行模拟运营决策仿真系统中，商业银行设置岗位包括行长、信贷经理、客户经理、综合柜员、会计经理等；企业设置岗位包括总经理、运营经理、市场经理、会计主管、财务经理、理财经理等。如果参加实训人数较多，可以增加商业银行和企业客户数量。

（四）学习相关理论知识

在商业银行模拟运营决策仿真系统中，需要用到商业银行业务管理、商业银行会计、财务管理等知识。在正式开始经营时，需要引导学生对已学相关理论知识进行回顾，以保证学生能够灵活运用知识、解决问题并顺利完成经营。

（五）学习经营规则

商业银行模拟运营决策仿真系统有一整套经营规则：商业银行的个人存款竞标规则、网点规则、中间业务规则；企业客户的订单获取规则、订单交付与消费信贷规则、要素竞标规则、人员规则；央行和银保监会监管规则、融资规则、宏观调控规则等。它们是模拟商业银行、企业客户、央行和银保监会开展具体业务活动的约束条件，是模拟商业银行、企业客户、央行和银保监会必须遵守的行为规范，所以学生必须认真学习规则、熟悉规则，并在实际经营过程中严格遵守规则。

（六）起始状态设定

在商业银行模拟运营决策仿真系统中，商业银行和企业客户不是从创建开始经营，而是经营了一段时间的商业银行和企业，这是模拟经营起点。通过对模拟商业银行和企业客户基本盘面介绍，各组对于商业银行和企业基本情况有所了解，为正式经营做好准备。

（七）模拟商业银行和企业客户的运营演练

商业银行模拟运营决策仿真系统第一年是演练年，将由教师指导学生完成。教师为所有商业银行指定统一的个人存款营销费用、央票业务、消费贷款等内容；为所有企业客户制定统一的贷款规模、要素投入、广告投入、产品竞标、消费贷款、存款等内容。在教师指导下，学生分别按照商业银行和企业各自运行规则完成经营活动，在软件中填列各项决策数据。演练年结束后，教师将各商业银行和企业核心业务运行相关表格导入软件，进而形成演练年宏观统计数据，为新一届政府决策提供支持，为学生正式经营做好准备。

在商业银行模拟运营决策仿真系统中，选择房地产企业代表商业银行的对公客户。因为在中国，房地产行业比其他行业更依赖金融市场，同时，该行业所涉及的金融产品更丰富，除对公各类贷款外，还可能存在信托、股票、委托贷款、个人住房抵押贷款等。

（八）模拟商业银行和企业客户的实际运营

从第二年开始，央行和银保监会宣誓就职、发布宏观政策，其他的商业银行和企业结合新政预估宏观目标的实现情况。商业银行和企业客户的实际经营都是由学生自主完成，教师从主导者转变为指导者或顾问，帮助学生解决操作流程中的相关问题，但不帮助学生做出决策。每个经营年度的工作依次为发布宏观经济政策、商业银行和企业客户资金规划、不良贷款与风险计提、偿还个人存款、个人存款竞标、办理未受理消费贷款、贴现、提前支取存款、贷款竞标、土地竞标、央票业务、股票投融资、产品竞标、订单交付、收到首付款和办理消费贷款、团队建设、对公存款、国债业务、政府监管以及生成宏观统计数据等。

（九）商业银行和企业客户数据分析与决策总结

当每个经营年度结束后，各商业银行和企业对经营中的经验和教训做出总结。教师分享相关知识主题，使学生更加深刻领会理论知识：流动性高低如何影响个人存款的吸收？商业银行如何对贷款进行定价？房地产企业如何做出经营决策？监管层如何对银行进行监管？商业银行如何对房地产企业进行信贷评估？如何预防房地产企业不良贷款？如何选择理财投资和资产配置？

二、商业银行模拟运营决策仿真系统工具

（一）实物沙盘版

1. 实物沙盘

实物沙盘由各种商业银行沙盘实物道具组成，每个商业银行配备一张系统盘面、现金筹码、记账筹码、塑料杯、工作牌等；每个模拟房地产企业配备一张系统盘面、现金筹码、记账筹码、产品标识、土地标识、塑料杯、工作牌等。

实物沙盘反映商业银行和房地产企业经营过程和结果，流程清晰，互动性好，具有直观、形象等特点。学生可以在沙盘上进行推演，确保经营过程准确无误进行。

2. 软件

商业银行模拟运营决策仿真系统软件是企业经营活动的软件系统，是基于决策的模拟经营平台。该软件与实物沙盘相结合，与实物沙盘操作同步，输入相关数据，形成商业银行和企业的各种决策。经营结束后，各商业银行和房地产企业决策数据将导入教师端，形成年度宏观统计数据。

3. 实用表格工具

为帮助学生在商业银行模拟运营决策仿真系统中更好地经营，实现理性决策，学会制订各种计划，附录中为学生提供了几个实用表格工具，主要有年度资金规划表等，运用这些表格，学生可以清楚看到资金状况、利润情况，以便使企业更好地经营。

（二）BS 架构软件平台版

BS 架构软件平台版是对实物沙盘版的升级。教师和学生通过网络访问，分别登录教师端和学生端直接完成各项模拟运营操作。教师登录教师端后，可以完成教学管理、

宏观政策与外部环境设置、对实际运营的管理以及绩效与成绩的管理等，流程清晰，操作简单；学生端根据角色的不同划分不同的模块，其中商业银行包括宏观调控模块、贷款模块、投融资模块、绩效管理模块；房地产企业包括宏观调控模块、贷款模块、投融资模块、绩效管理模块。通过数据的录入和导入，师生共同完成模拟经营。

第三节　商业银行模拟运营决策仿真系统指导书

一、课程概况

课程编号：__________

适用专业：金融学专业。

课程类别：专业课。

修课方式：必修。

教学时数：实验室实训教学 32 学时。

二、实验课程设计目的与考核

（一）实验背景

课程通过筹码推演和角色扮演模拟商业银行经营过程，营造真实的商业环境，让学生体会现实生活中的房地产企业、商业银行、央行和银保监会之间的经济行为。本课程集实战性、操作性、体验式于一体，通过情景模拟、角色实践的方法让学生体验商业银行的运行与央行和银保监会对银行的监管和宏观调控，让每个学生都能够有针对性地学习。

课程假定宏观经济由产品市场、资本市场及监管层组成。在商业银行模拟运营决策仿真系统相关实验中，房地产企业代表产品市场；商业银行（含投资银行功能）代表资本市场和货币市场；央行和银保监会代表监管层。相关角色见图 1-1。

图 1-1　商业银行模拟运营决策仿真系统相关角色

全班分成 9~13 个团队（每个团队包含 4~6 人，可以容纳 36~78 名学生参加实验），大致包含 1 个央行和银保监会团队、4~6 个房地产企业团队以及 4~6 个商业银行团队。

央行和银保监会团队分设央行代表、银保监会代表；商业银行团队由行长负责全部决策、再贷款业务、股票融资和投资、同业拆借、网点建设，信贷经理负责补发和正常消费贷款、贴现和再贴现、对公贷款，客户经理负责个人存款的偿还和获得、对公存款吸收和支付，综合柜员负责支付提前取出对公存款、收取违约金、收取中间业务费、团队管理，会计经理负责央票业务、准备金上缴、交税；房地产企业团队由总经理负责公司全部决策、与银行签订对公贷款协议、股权融资，运营经理负责竞标土地和转让工程实施的相关内容以及确定运营团队，市场经理负责竞标订单和交货、办理消费贷款，会计主管负责应收应付款、企业存款支取、交费，财务经理负责企业间委托贷款、提前偿还贷款业务，理财经理负责理财结算、办理对公存款和国债。

央行和银保监会团队根据房价涨幅得出 CPI 数据，同时依据流动性数据判断市场流动性情况。在此基础上，该团队采取相应的财政政策和货币政策对经济进行调控。商业银行团队通过向企业开展存贷业务、投资业务、中间业务获得利润。该团队可以采用发行债券、同业拆借、向央行借款等方法管理流动性；同时，该团队应在模拟经营中注意平衡盈利性、安全性和流动性。房地产企业团队的主要任务是带领企业高效稳健地经营，规避经营风险与陷阱。该团队向政府竞标土地和市政工程、向商业银行贷款、向消费者出售产品，并受央行和银保监会团队财政政策和货币政策调控的影响。商业银行团队对房地产企业团队开展存贷款业务、票据业务和中间业务，并受到监管层的严格监管和财政政策与货币政策的影响。当房地产企业团队受调控影响时，将同时影响商业银行团队的经营业绩。

（二）实验课程达到的教学目的（能力考核要求）

（1）能够对商业银行三大报表进行简单分析；
（2）能够对资本市场的宏观运行进行点评分析；
（3）能够列出商业银行风险控制表和整改意见表；
（4）能够对不良贷款进行分析并提出意见，出具贷款调查报告；
（5）能够比较规范地撰写商业银行经营与业务分析报告；
（6）能够撰写简单的商业银行分级监管报告；
（7）能够对企业三大报表进行分析，并进行贷前财务和非财务分析。

（三）实验对应理论课程

实验对应理论课程包括商业银行经营与管理、商业银行业务管理、商业银行会计和财务管理。

（四）实验考核

本次实验考核包括对团队考核和对学生个人考核两部分。

1. 团队考核

（1）商业银行团队运营得分。

央行和银保监会团队对商业银行团队综合评分（其中抢答占 10%，完成业务速度占 10%，剩下的 80%是银行运营得分）。

商业银行团队运营得分 = 100×该银行历年累计评价得分/所有银行历年累计评价最高分。

（2）房地产企业团队运营得分。

商业银行团队对房地产企业团队的信贷综合评价（其中抢答占 10%，完成业务速度占 10%，剩下的 80%是企业运营得分）。

房地产企业团队运营得分＝100×该企业历年累计评价得分/所有企业历年累计评价最高分。

（3）央行和银保监会团队轮值与得分。

央行和银保监会团队轮值是指由企业和商业银行组成一届团队。

市场流动性：该年市场流动性与第一年的流动性相比。在±0.1 以内得 10 分；否则每超出 0.1 扣 1 分（10%）。

房价涨幅：该年房价涨幅在±2%以内得 10 分；否则每超出 1%扣 2 分（10%）。

2. 学生个人考核

学生个人业绩评分＝团队运营得分（50%）＋实验报告（30%）＋央行指标得分（20%）+所在团队内部评价-缺勤扣分（以上比例可由教师自行调整）。

缺勤扣分标准：病事假/迟到/早退分别扣 2 分/次，缺席扣 5 分/半天。

三、实验内容与项目概述

本次实验内容与项目涵盖六大单元：商业银行核心业务与绩效管理实验、商业银行会计与报表业务、政府相关部门对商业银行的评级和监管实验、商业银行信贷业务实验、商业银行风险管控实验、商业银行投资与理财实验。

（一）商业银行核心业务与绩效管理实验（表 1-1）

表 1-1　商业银行核心业务与绩效管理实验

<table>
<tr><th>一级模块</th><th colspan="2">二级模块</th><th>涉及课程</th></tr>
<tr><td rowspan="16">商业银行核心业务与绩效管理实验</td><td>机构设立</td><td>商业银行构建与组织结构设计</td><td rowspan="2">商业银行经营与管理</td></tr>
<tr><td>岗前培训</td><td>分析研究商业银行与其他商业银行（机构）的业务关系</td></tr>
<tr><td rowspan="4">业务准备</td><td>制定商业银行发展战略及决策规则</td><td rowspan="10">商业银行业务管理</td></tr>
<tr><td>熟悉商业银行主要业务</td></tr>
<tr><td>设计商业银行主要业务工作流程及管理规则</td></tr>
<tr><td>熟悉仿真业务的原始单据</td></tr>
<tr><td rowspan="2">工作计划</td><td>商业银行存款业务计划</td></tr>
<tr><td>商业银行贷款计划</td></tr>
<tr><td rowspan="4">业务实施</td><td>商业银行存款业务</td></tr>
<tr><td>商业银行贷款业务</td></tr>
<tr><td>商业银行中间业务</td></tr>
<tr><td>商业银行投资业务</td></tr>
<tr><td rowspan="3">工作总结</td><td>商业银行损益表填制</td><td rowspan="3">商业银行会计财务管理</td></tr>
<tr><td>商业银行资产负债表填制</td></tr>
<tr><td>商业银行绩效评价</td></tr>
</table>

1. 实验流程（工作程序）

（1）建立由 3~5 人组成的央行与银保监会团队、6 个商业银行团队（每队均由 4~

6 人组成）以及 6 个房地产企业团队（每队均由 4~6 人组成）。

央行与银保监会团队分设央行行长、国土资源部部长、住建部部长、国家税务总局局长、国家市场监督管理总局局长、商业银行监管局局长、货币政策委员会秘书长等。

商业银行团队分别由行长和副行长负责决策、综合柜员岗位负责记账、会计主管负责现金流预算与报表、客户经理负责存款与业务营销、理财经理负责理财投资业务、信贷经理负责贷款业务等。

房地产企业团队分别由总经理负责融资、理财经理负责投资、运营总监负责运营、会计主管负责报表与记录、财务经理负责现金流预算与报表、市场经理负责投标和销售等。

（2）规则介绍，破冰起航。

（3）商业银行团队公布自己的名称、经营理念与发展目标，房地产企业团队自行选择基本存款账户的开户银行以及日后业务的往来银行。

（4）商业银行团队制订资金运营计划。

（5）商业银行团队对房地产企业团队开展存贷款业务、票据业务和中间业务。商业银行团队的经营运作由商业银行行长调控，并在房地产企业团队确定经营项目之后找该团队拉存款以及贷款。其中，综合柜员负责与客户签订合同以及办理部分中间业务；会计主管负责整理内部资料并准备该年度的资产负债表、现金流量表和损益表所需数据。

2. 实验成果

（1）商业银行资金规划表。

（2）商业银行业务经营报告。

（二）商业银行会计与报表业务（表 1-2）

表 1-2　商业银行会计与报表业务

一级模块	二级模块	实验项目名称	涉及课程
商业银行会计与报表业务	岗前培训	商业银行会计核算与报表分析	商业银行会计
	业务准备	制订商业银行会计主管职责规划	商业银行会计 财务管理 货币银行学 商业银行经营与管理
		熟悉商业银行主要业务	
		熟悉商业银行会计核算规定	
		熟悉商业银行会计报表分析	
	业务实施	商业银行存款业务会计核算	
		商业银行贷款业务会计核算	
		商业银行中间业务会计核算	
		商业银行投资业务会计核算	
		商业银行现金流量表填制	
		商业银行损益表填制	
		商业银行资产负债表填制	
	工作总结	商业银行损益表分析	商业银行会计
		商业银行资产负债表分析	

1. 实验流程（工作程序）

（1）商业银行会计主管负责报表业务。

（2）填制商业银行现金流量表。

（3）对商业银行存贷款业务进行会计核算。

（4）对商业银行中间业务进行会计核算。

（5）对商业银行投资业务进行会计核算。

（6）填制商业银行损益表。

（7）填制商业银行资产负债表。

（8）分析损益表和资产负债表，共同商定调整下一期经营计划。

2. 实验成果

（1）商业银行损益表。

（2）商业银行资产负债表。

（三）政府相关部门对商业银行的评级和监管实验（表 1-3）

表 1-3　政府相关部门对商业银行的评级和监管实验

一级模块	二级模块	实验项目名称	涉及课程
政府相关部门对商业银行的评级和监管实验	机构设立	政府相关部门组织结构的构建	金融市场学
	岗前培训	分析研究政府相关部门监管的目的、标准与职责	
	业务准备	制定政府相关部门主要的岗位职责	商业银行业务管理
		熟悉商业银行分级监管的主要指标含义及指标之间的关系	
		熟悉不良贷款评价指标	
		熟悉风险准备金的评判与计提标准	
	业务实施	对商业银行的综合评级业务	金融学 商业银行经营与管理 中央银行业务与金融监管
		对商业银行的分级监管业务	
		对商业银行贷款总量的监管业务	
		对商业银行不良贷款的监管业务	
		对商业银行风险准备金计提的监管业务	
	工作总结	分析商业银行的运营状况	商业银行经营与管理
		总结商业银行不良贷款的结构	
		对商业银行运营风险进行预警	

1. 实验流程（工作程序）

（1）政府相关部门宣布需要各商业银行提交的年度资料（如各行的资本金充足率、不良贷款总量、不良贷款率、拨备覆盖率等）、对商业银行的评级依据以及相应的监管手段。

（2）政府相关部门的运作由银保监会局长调控，检查商业银行是否有违规记录并提出相应的整改意见。

（3）每个会计年度检查各商业银行的存贷比、资本充足率。

（4）每个会计年度检查商业银行的不良贷款率、拨备覆盖率与风险准备金计提情况。

（5）根据各商业银行的运营情况出具风险控制表和整改意见表。

2. 实验成果

（1）商业银行运营绩效分析报告。

（2）商业银行分级监管报告。

（3）商业银行风险控制表和整改意见表。

（四）商业银行信贷业务实验（表 1-4）

表 1-4　商业银行信贷业务实验

<table>
<tr><th>一级模块</th><th>二级模块</th><th>实验项目名称</th><th>涉及课程</th></tr>
<tr><td rowspan="19">商业银行信贷业务实验</td><td>岗前培训</td><td>分析商业银行信贷业务如何管理</td><td>商业银行业务管理</td></tr>
<tr><td rowspan="5">业务准备</td><td>熟悉商业银行信贷管理的基本原则</td><td rowspan="5">货币银行学
商业银行业务管理</td></tr>
<tr><td>熟悉商业银行贷款的规则</td></tr>
<tr><td>熟悉商业银行贴现规则</td></tr>
<tr><td>熟悉商业银行担保规则</td></tr>
<tr><td>理解商业银行信贷管理对房地产企业的影响</td></tr>
<tr><td rowspan="2">工作计划</td><td>商业银行资金运营计划</td><td rowspan="9">商业银行业务管理
金融市场营销</td></tr>
<tr><td>商业银行信贷计划</td></tr>
<tr><td rowspan="7">业务实施</td><td>计算该年信贷额度</td></tr>
<tr><td>判断市场流动性大小</td></tr>
<tr><td>计算资金成本</td></tr>
<tr><td>确定贷款利率定价范围</td></tr>
<tr><td>贷前资信调查</td></tr>
<tr><td>贷中审查与中间业务谈判</td></tr>
<tr><td>贷后跟踪与风险评级</td></tr>
<tr><td rowspan="3">工作总结</td><td>商业银行贷款总量分析</td><td rowspan="3">现代商业银行经营与管理</td></tr>
<tr><td>商业银行贷款结构分析</td></tr>
<tr><td>商业银行不良贷款计提</td></tr>
</table>

1. 实训流程（工作程序）

（1）商业银行制订运营计划。

（2）商业银行客户经理负责信贷业务经营。

（3）商业银行贷款定价。
（4）商业银行受理房地产公司的企业贷款业务。
（5）进行贷前、贷中、贷后审查。
（6）商业银行个人消费贷款业务管理。
2. 实训成果
（1）商业银行授贷调查报告。
（2）商业银行信贷审查意见。

（五）商业银行风险管控实验（表 1-5）

表 1-5　商业银行风险管控实验

一级模块	二级模块	实验项目名称	涉及课程
商业银行风险管控实验	岗前培训	不良贷款对商业银行经营造成的后果	商业银行经营与管理
		不良贷款的判定标准	
	业务准备	熟悉信贷风险的构成	商业银行业务管理
		熟悉不良贷款的预警指标	
		熟悉不良贷款的处理方法	
		熟悉不良贷款的处理流程	
	业务实施	不良贷款的预警业务	金融学 商业银行经营与管理 中央银行业务与金融监管
		不良贷款的分级判定业务	
		对不良贷款风险准备金的计提业务	
		对不良贷款的处理业务	
	工作总结	总结不良贷款出现的原因	商业银行经营与管理
		总结如何避免不良贷款的产生	
		分析处理不良贷款时容易出现的问题	

1. 实验流程（工作程序）
（1）每个会计年度初期，房地产企业通过公开投标的方式确定该年的经营项目，填写贷款可行性分析报告、借款申请书。
（2）检查房地产企业该年的现金流量表、损益表、资产负债表，计算相应的财务指标。
（3）根据房地产企业还款情况，按 5 级分类标准判定所有贷款的等级。
（4）深入了解房地产企业运营状况，判定产生不良贷款的原因。
（5）每个会计年度计提风险损失准备金。
（6）根据不良贷款的原因，制订有针对性地处理措施。
2. 实验成果
（1）商业银行不良贷款统计表。
（2）商业银行不良贷款分析报告。

（六）商业银行投资与理财实验（表 1-6）

表 1-6　商业银行投资与理财实验

一级模块	二级模块	实验项目名称	涉及课程
商业银行投资与理财实验	岗前培训	商业银行客户营销与普通商品营销的区别	商业银行经营与管理
		商业银行的产品与业务组合	
	业务准备	熟悉商业银行客户的分类	金融市场营销学
		熟悉商业银行不同细分客户的需求特征	
		熟悉商业银行不同产品的特点	
		熟悉商业银行客户营销前的准备工作	
	业务实施	客户拜访技巧训练	商业银行业务管理 消费者行为学
		营销前的企业调研业务	
		房地产企业贷款中的审查业务	
		大客户的售后财务顾问业务	
	工作总结	总结不同类型客户的需求特征	金融市场营销学
		总结大客户营销的技巧	
		总结客户营销全流程要注意的问题	

1. 实验流程（工作程序）

（1）对 6 家房地产企业的财务状况进行调查。

（2）营销前的表格和产品知识准备。

（3）进行房地产企业营销调研，识别房地产企业的金融业务需求。

（4）设计金融产品方案。

（5）对营销方案的审查与修订。

（6）每个会计年度进行业务跟踪与指导，并根据房地产企业的不同特点提供理财顾问服务。

2. 实验成果

客户金融服务解决方案。

四、课程实验进度控制

有关商业银行模拟运营决策仿真系统的实验进度控制，详见表 1-7。

表 1-7　商业银行模拟运营决策仿真系统课程实验进度控制

节次	课内时间	课外时间	指导教师主要职责	配套教学资料
第一天 第 1~4 节	学习讨论经营规则，解读基础数据，认识并了解宏观经济要素构成，理解产品市场、资本市场和监管层之间的关系。各房地产企业、商业银行、央行和银保监会分别设立岗位，进行团队建设，确定岗位分工，开始第一年试运营。	阅读《商业银行模拟经营教程》《学员手册》，讨论和学习规则，熟悉各种业务表单，做好正式经营的前期准备工作。	明确实训目的，提出具体要求。概述本次课程全部实验项目的主要内容；提示完成实验任务所用专业知识。	学员手册（Word）“案例一”
第一天 第 5~8 节	制定发展战略，编制年度经营计划。待第一年的经营结束后，房地产企业和商业银行共同办理各项金融业务并完成各项报表。	编制年度经营计划。	营造竞争环境，对课程提出具体要求，引导规则讲解。	课程导入（PPT）
第二天 第 1~4 节	各房地产企业编制资金预算表，各商业银行编制资金规划表，开始第二年的经营，双方办理各项金融业务往来，央行和银保监会根据宏观经济运行情况进行调控。	各房地产企业和商业银行分部门讨论各种经营情况。	指导教师布置具体实训任务（项目），提示参考书籍或者参考资料。	主题一：商业银行个人存款竞标与判断流动性（PPT） 主题二：商业银行贷款定价（PPT） 主题三：房地产企业经营决策（PPT）
第二天 第 5~8 节	各房地产企业和各商业银行开始第三年的经营，双方办理各项金融业务并进行资金往来清算，央行和银保监会根据宏观经济运行情况进行调控，政府相关部门核查商业银行各项指标并进行分级监管。	总结房地产企业经营风险以及商业银行面临的经营风险。	教师布置任务，检查完成情况；审阅正确性，提出改进意见。	主题四：银行监管和绩效评价（PPT） 主题五：信贷评估（PPT） 主题六：不良贷款与风险计提（PPT）
第三天 第 1~4 节	各房地产企业和各商业银行开始第四年的经营。央行和银保监会采取严厉地调控措施，政府相关部门加强监管。	商业银行总结不良贷款产生的原因及预警措施。	教师点评学生团队的分享，并点评实验报告格式的正确性与内容的完整性。	主题七：以客户为中心的银行信贷风险管控（PPT）
第三天 第 5~8 节	各房地产企业和各商业银行开始第五年的经营。房地产企业经营状况开始好转，商业银行强化金融营销与投资理财服务。	各金融机构、房地产企业、央行和银保监会、政府相关部门撰写总结报告。	引导学生思考整个决策仿真系统的设计思想与流程。	主题八：选择理财投资和资产配置（PPT）
第四天 第 1~8 节	各房地产企业和各商业银行开始第六年的经营。待第六年经营结束后，双方各自整理过程资料和成果资料，对课程进行全面总结和评价；各金融机构进行全面总结与评价；团队、个人、教师分别评分，即评定成绩、评优。	整理装订过程资料与成果资料，归档，提交实验日记与实验报告，提交成果资料。	引导学生结合现实案例反思微观经济与宏观经济现象。	主题九：优秀客户经理的炼成（PPT）和案例集分享（PPT）

注：表 1-7 是按 16 学时安排上课，建议安排某个周末连续 2 天上课。若课时宽松，可以安排 24 学时或 32 学时，3-4 天实验，连续 2 个周末上课。初次上课建议时间应略宽松。

第二章 商业银行模拟运营决策仿真系统角色职责和运营规则

■**教学要点**

熟悉自己所担任角色的职责，并了解央行和银保监会、商业银行、房地产企业中其他角色的职责；熟悉与自身岗位相关各项运营规则，并了解模拟经济社会中的其他岗位规则。

第一节 商业银行模拟运营决策仿真系统角色及职责定位

商业银行模拟运营决策仿真系统将经济社会结构进行了简化，分为央行和银保监会、商业银行、企业客户（以房地产企业为代表）、消费者四类角色。央行和银保监会相关角色通过指定产生或者竞选产生，代表宏观经济决策和监督机构，包括央行行长、中国人民银行货币政策委员会秘书长、国家税务总局局长、国家市场监督管理总局局长等；商业银行代表金融市场，其内部分为投资部、贷款部、存款部、会计部、人事部、业务发展部、公关部等，以行长、信贷经理、客户经理、综合柜员、会计经理来代表；房地产企业代表产品市场，其内部分为运营部、市场部、财务部、人力资源部门等，以总经理、运营经理、市场经理、会计主管、财务经理、理财经理来代表；消费者由软件扮演。学生以组建团队的方式对相关企业展开运营并竞选央行和银保监会的相关角色，每个团队通常由 4~6 名学生组成，分别担任不同角色，共同努力，分工协作，一起经营。

要想顺利经营商业银行和房地产企业，需要依靠各个部门之间协同合作。在商业银行模拟运营决策仿真系统中，各个角色之间也要本着各司其职、团结协作的原则，明确定位好各角色职责。

一、央行和银保监会（团队）的职责

（一）调整流动性

央行和银保监会（团队）在年度经营结束后，负责统一编制银行业金融机构的统计数据和报表，并按照国家有关规定予以公布。央行和银保监会（团队）通过存款准备金率、再贷款率、再贴现率、土地供给量、购房首付比例、增值税等来实现房价的涨幅与市场流动性的相对稳定。

（二）监管金融市场运行

央行和银保监会（团队）对银行业金融机构的业务活动及其风险状况进行非现场监管，分析、评价银行业金融机构的风险状况；对银行业金融机构的业务活动及其风险状况进行现场检查，对银行业金融机构实行监督管理；对已经或者可能发生的信用危机，以及严重影响存款人和其他客户合法权益的银行业金融机构实行接管或者促成机构重组。

对于存在违规行为的商业银行，及时进行纠正和处罚，以保证经营顺利进行。同时，收取银行的存款准备金和税费。

（三）监管房地产企业运营

央行和银保监会（团队）将监管房地产企业（团队）的运营，如对运营中存在的违规行为进行罚款、收取相关的税费、为企业提供高利贷等；同时，为了刺激房地产企业（团队）多销售商品房和限价房以改善人民生活条件，政府相关部门应对房地产企业进行奖励。

二、商业银行（团队）相关角色的职责

商业银行（团队）代表资本市场和货币市场，是可贷资金的供给方。

（一）行长职责

行长是商业银行（团队）中的最高行政负责人，主要职权是执行董事会的决议，组织并领导银行的业务经营活动。主要承担以下职责：

1. 分析金融环境

在商业银行模拟运营决策仿真系统中，各商业银行管理者接手的是已经经营一段时间的商业银行。行长在接手商业银行后，必须组织成员认真研究规则，分析金融环境、制定未来发展战略并做出最优决策。

2. 分析资金供求

行长必须对市场中资金的供给和需求做出明确的判断，其中资金总需求包括土地开发款项、国债发行量、央票发行量、外部票据贴现、到期个人存款、新增存款准备金、个人存款利息、景观费、团队工资、管理费、税金和罚款等；资金总供给包括各商业银行现有资金、各房地产企业现有资金、新增个人存款、房屋首付款、到期央票及利息、到期国债及利息、到期票据及利息、到期房屋消费贷款及利息等，进而预测

流动性。同时，需要对政策变动为房地产企业生产决策带来的影响进行充分认识，判断出房地产企业的利润率，采用理性决策思维，实现最优化选择。

3. 确定理性决策基础

在商业银行模拟运营决策仿真系统中，最重要的商业银行监管指标包括以下几个方面：

（1）衡量资产充足状况指标，如资本充足率、核心资本充足率等。

（2）衡量资产安全状况指标，如不良贷款率、拨备覆盖率、估计贷款损失率等，还需考虑贷款的行业集中度、保证贷款占比、抵（质）押贷款占比、非信贷资产风险及其管理状况等。

（3）衡量盈利状况指标，如资本收益率、资产收益率、资产费用率等，还需考虑因成本费用、收入状况、盈利水平及趋势、资产损失准备计提等带来的影响。

（4）衡量流动性状况指标，如存贷比、超额准备金率、净拆借资金率等，还需考虑资金来源的构成及变化趋势、资产负债预测及控制情况等。

（5）衡量管理状况指标，如高层治理状况、内部控制状况、信贷风险管理制度及执行情况等，还需考虑其对市场风险的识别与控制等。

商业银行（团队）的持续经营必须遵循安全性、流动性和盈利性原则。行长应充分关注这些反映商业银行（团队）经营状况的指标，并规划各年经营目标，以实现商业银行（团队）发展的长期战略目标。

4. 制定业务策略

业务策略主要包括市场策略、拓展策略、创新策略、扩张策略等，行长需要制定商业银行在未来几年存款的积极经营策略，如存款新工具的开发、存款稳定性的策略和控制存款规模等，以及对公业务的营销策略，中间业务的创新策略、网点和团队建设计划及其与业务发展相匹配的投融资策略。

5. 审批贷款决策

在商业银行模拟运营决策仿真系统中，贷款包括对公贷款和消费贷款。贷款决策是商业银行经营管理的核心问题，是在对贷款项目及其借款企业全面综合评价的基础上进行的。此时，除了拥有充分的资料和可靠的信息并进行相关因素的定性与定量分析以外，银行决策人员的经验与经营作风也是关键因素。行长需根据当年额度，划分对公贷款和消费贷款的额度。

6. 组织团队协作

在商业银行模拟运营决策仿真系统中，各个角色之间的工作是相互关联的。信贷经理的消费贷款和对公贷款业务是建立在客户经理的存款尤其是个人存款业务计划上的；行长的年度资金预算与信贷经理和客户经理的存贷业务密不可分。因此，商业银行（团队）能否在规定时间内顺利完成运营，各个角色之间的协作非常重要。因此，行长要按商业银行的运营流程来组织各部门开展每个经营年度的工作，在不同部门的工作发生冲突时，要及时做好调整。

7. 经营业绩总结和最优决策分析

当每个经营年度结束后，行长要组织团队成员对经营业绩进行分析总结，与年度经营目标进行对比。分析业绩没能实现或者大大超过目标的原因，进而制订合理的新经营目标和经营计划安排。

（二）信贷经理职责

信贷部顾名思义是管理信贷的部门，它的任务是争取企业的存款以及审核和发放企业的贷款。信贷经理要熟悉企业的经营情况和财务状况，掌握企业使用贷款的情况。

1. 明确目标，找准“展业”对象

明确所做产品的发展市场，确立“展业”基础，进而找出产品相对应的精准客户群，比如工薪贷的客户群需要到上班族相对集中的写字楼去寻找，车贷的客户群需要去车行或者4S店寻找，房贷的客户群需要去建材市场寻找，消费贷的客户群需要去CBD白领常出没的地方寻找，等等，以此不断拓展银行的信贷业务。

2. 熟悉流程，应对客户需求

信贷部作为商业银行与客户的桥梁，负责回应客户的融资需求。当客户申请一笔贷款时，信贷经理须告知客户从审核到放款到底需要哪些环节和流程，需要多长时间。

3. 利用比率控制贷款规模

发放贷款时，需要考虑存贷比、资本充足率、单个企业贷款比率、中长期贷款比率等，以确保商业银行经营的安全性、流动性和盈利性。

4. 计算对公贷款定价

商业银行贷款的价格一般包括贷款利率、贷款补偿性余额（回存余额）和对某些贷款收取的费用（如承担费）。因此，贷款定价过程中，商业银行必须考虑资金成本、贷款风险程度、贷款的期限、贷款管理费用、存款余额、还款方式、银行与借款人之间的关系，资产收益率等。

在商业银行模拟运营决策仿真系统中，贷款定价的上限为房地产企业的息税前利润率，下限为可用资金成本率。

5. 对公贷款的贷前调查

信贷经理需要对贷款申请人进行贷前调查，包括资信状况、经营情况、申请贷款用途的合规性和合法性、贷款担保情况等。信贷经理需要对企业的财务报表进行分析，以确定企业经营状况。贷前调查是决定贷与不贷、贷多贷少、贷款期限和方式的主要依据。

6. 对公贷款的贷后管理

贷后管理是控制风险、防止不良贷款发生的重要环节。信贷经理要跟踪客户所属行业、客户的上下游和客户本身经营财务状况，要及时发现可能不利于贷款按时归还的问题并提出解决问题的措施。依据贷款评级，计算出不良贷款率、拨备覆盖率，明确呆账准备金计算过程及来源，收取企业提前还贷的本金和违约金。

7. 补发和发放正常消费贷款

在商业银行模拟运营决策仿真系统中，消费贷款利率由系统决定，商业银行需发布额度占用费。企业帮助消费者完成贷款，并由企业支付额度占用费。信贷经理需测算出合理的额度占用费、消费贷款和对公贷款的比例并提供给行长，让其做出决策。

8. 办理贴现、转贴现和再贴现业务

房地产公司票据可找任何一家银行贴现。外部市场还有家居、建材、高档消费品行业票据待贴现，贴现不占用银行的贷款额度。信贷经理计算出贴现率，报出贴现费，应注意贴现率和贷款利率的比较。

（三）客户经理职责

客户经理既是银行与客户关系的代表，又是银行对外业务的代表。客户经理的职责包括：

1. 全面了解客户需求并向其营销产品、争揽业务

根据银行的经营原则、经营计划和对客户经理的工作要求，对市场进行深入研究，并提出自己的营销方向、工作目标和作业计划；在与客户的交往中，客户经理要积极推销银行产品。另外还要善于发现客户的业务需求，有针对性地向客户主动建议和推荐适用的产品。对客户的新需求要及时向有关部门报告，探索为其开发专用产品的可能性。客户经理营销产品的手段主要有：广为宣传金融产品、面向重点客户宣传金融产品、市场公关、产品推销。

在商业银行模拟运营决策仿真系统中，客户经理需要确定广告费的投入以完成个人存款的竞标；协助行长完成个人存款的数额和期限的构成；在年底对公存款业务中，与房地产企业相关人员沟通，吸收存款以实现存贷比的指标。

2. 协调和组织全行各有关部门及机构为客户提供全方位的金融服务

客户经理是银行对外服务的中心，每一位客户经理都是银行伸向客户的友好之手。因此，客户经理“握住”的每笔业务都是银行的财富，需要所有相关部门的全力协助。客户经理有责任发挥协调中心的作用，引导客户的每一笔业务在银行中顺畅、准确地完成。

根据银行实际情况进行国债的各项交易，包括国债兑付、购买和利息收取。

3. 在主动防范金融风险的前提下，建立并保持与客户长期的密切联系

客户经理是全权代表银行与客户联系的“大使”，客户有金融需求只需找客户经理，客户经理应积极主动并经常与客户保持联系，发现客户的需求，引导客户的需求，并及时给予满足，为客户提供“一站式”服务。对现有的客户，客户经理与之保持经常性联系，而对潜在的客户，客户经理要积极地去开发。这里包括两层含义：一是客户现在还不是银行的客户，随待开发；二是客户现在虽然是银行的客户，但客户自己未发现某些金融需求，亟待引导。

（四）综合柜员职责

综合柜员的工作主要包括接待客户、处理货币结算业务和现金业务、授权和管理等，要求其具有较强的管理能力和较高的业务水平，出色的综合柜员还需具有亲和力和强烈的服务意识。综合柜员主要承担以下职责：

（1）领发、登记和保管银行的有价单证和重要空白凭证，办理各柜员的领用、上交。

（2）负责各柜员营业用现金的内部调剂和银行现金的领用、上缴，并做好登记。

（3）处理与管辖银行会计部门的内部往来业务。

（4）监督柜员办理储蓄挂失、查询、托收、冻结与没收等特殊业务，并办理银行年度结息。

（5）监督柜员工作班扎账。

（6）负责银行科技风险识别与控制。

（7）办理银行结账、对账，编制凭证整理单和科目日结单；打印银行流水账，定期打印总账、明细账、存款科目分户日记账、表外科目登记簿；备份数据及打印、装订、保管账、表、簿等会计资料，负责将原始凭证、账、表和备份盘交给事后监督部门。

（8）编制营业日报表、月报表、季度报表和年度报表。

在商业银行模拟运营决策仿真系统中，综合柜员负责支付提前取出的对公存款并收取违约金，同时收取银行的中间业务费，协助行长完成团队建设并支付网点建设费和人员工资。

（五）会计经理职责

会计经理作为基层营业网点的专职管理人员，其主要职责是：监督、检查、培训、反馈，对基层营业网点柜员业务的真实性、操作的合规性、运行的有效性进行实时监督，有效控制前台和中台风险；组织基层人员学习各项业务规章制度和操作流程 ，让员工能够及时掌握新的业务与流程；严格审查业务过程中的各项业务，针对本网点的业务特点，开展有针定性且持续性检查，对于在检查中所发现的风险性问题应及时向总行反馈，加强风险控制，实行稳健经营。

在商业银行模拟运营决策仿真系统中，会计经理负责完成央票的购买和本金收回、央票利息的收取、存款准备金上交和交税等。

三、房地产企业（团队）相关角色的职责

（一）总经理职责

总经理代表着房地产企业的最高决策层，负责公司整体经营计划的制订、执行和监督工作，以及企业的日常经营管理工作，同时还要处理企业的重大突发事件。其主要应承担以下职责：

1. 分析经济环境

在商业银行模拟运营决策仿真系统中，各房地产企业管理者接手的是已经经营一段时间的企业。总经理在接手企业后，必须组织企业成员认真研究规则、分析经济环境、制定企业未来发展战略及最优决策。

2. 分析竞争格局

企业是在与其他企业相互竞争的环境中发展起来的，总经理必须对其他企业的发展状况、战略发展意图、市场份额和市场优势与劣势等影响竞争的相关因素有一个全面了解，据此确立自身的市场定位，并由此展开企业项目策划与营销、工程设计与施工方面的各项工作，同时针对项目阶段性策划方案及活动推广预算、工程材料采购阶段性方案及预算等进行审核。

3. 确定理性决策基础

在商业银行模拟运营决策仿真系统中，房地产企业理性经营需关注以下几个方面：

（1）管理层素质方面：高管道德、公司治理规范性、经营风格、与政府相关部门的关系。

（2）市场竞争力方面：用上年的品牌效应计算。

（3）企业经营前景方面：利润总额、利润增长额、经营性现金流量、经营性现金流量增长额、主营业务收入和主营业务收入增长额。

（4）财务指标方面：流动比率、速动比率、销售利润率、总资产利润率、净资产负债率、总资产负债率。

总经理应充分关注这些反映企业经营状况的指标，并规划各年经营目标，以顺利实现企业的持续稳定发展。

4. 制定业务策略

业务策略主要包括产品策略、市场策略、扩张策略等。总经理需要制定房地产企业在未来的主营产品设计、定价、营销等策略；制定投融资积极经营策略，如股权融资、应收款贴现、贷款、购买国债等；制定团队建设运营方案；等等。

5. 组织团队协作

在房地产企业中各个角色的工作是相互关联的。运营经理的土地竞标和工程实施需要大量的现金支持，融资的顺利进行以及融资成本的控制需要全体成员的支持；市场经理销售策略和消费贷款办理对于企业资金运作和利润率至关重要。因此，企业要保证在规定的时间内，顺利完成各项运营，各角色之间的协同非常重要。总经理必须安排好各个角色的相关工作，督促其各司其职，以实现企业的持续发展。

6. 经营业绩总结和最优决策分析

每个经营年度结束后，总经理要组织成员对经营业绩进行分析总结，与年度经营目标进行对比。分析业绩没能实现或者大大超过目标的原因，进而制订合理的经营目标和经营计划安排。

（二）运营经理职责

在商业银行模拟运营决策仿真系统中，运营经理负责房地产企业的运营工作，主要包括：土地的竞标与转让、工程实施（修建商品房和别墅）和运营团队的招募与管理。从流程上看，央行和银保监会（团队）可以要求先修建商品房和别墅，再进行订单竞标；也可以要求先进行订单竞标，再根据竞标结果修建商品房和别墅。运营经理和市场经理需要积极配合总经理相关工作以完成企业的生产和销售。

1. 分析土地供求，竞标土地

在商业银行模拟运营决策仿真系统中，房地产企业主要是通过投标获得土地。年初，央行和银保监会（团队）会公布土地的供给数量，运营经理需要结合本企业发展战略和开发资质来确定土地开发规模和土地储备战略，为贷款额确定需提供的数据支持。同时，需要明确其他企业的开发资质，并尽可能掌握其他企业的贷款情况，推算出其他企业的土地需求；考虑本企业的毛利率目标，粗略测算本企业的土地竞拍报价上限。在土地供给充裕且本企业资金雄厚的情况下，可以考虑低价囤地。

2. 工程实施

在商业银行模拟运营决策仿真系统中，房地产企业修建商品房和别墅。运营经理需要通过测算来考虑修建种类和数量。在不考虑固定成本的情况下，当两者都采用最低报价或最高报价时，商品房的毛利率均低于别墅，但别墅的订单量少，在摊销固定成本后，有可能不像商品房那样有优势。另外，政府将以限价房的模式收购过剩的商品房，并且对于销售量在第一名和第二名的企业进行奖励；对于别墅，政府没有鼓励开发的政策。

运营经理需要和市场经理相互沟通并测算合理的方案，以保证产品的交付和尽可能高的利润率。

3. 运营团队建设

在商业银行模拟运营决策仿真系统中，房地产企业销售收入每5亿元（不含限价房）就需要1个运营团队。运营团队需要提前一年招募；否则企业的订单将减少。因此，运营经理需要在本年度产品交付后，预测下一年的销售情况，进而决定是否招募新的运营团队。

（三）市场经理职责

在商业银行模拟运营决策仿真系统中，市场经理负责企业的市场分析、产品订单竞标、城建工程竞标和消费贷款等工作。

1. 进行市场调查分析

市场经理要做好企业的营销策略，必须对市场有一个清晰的认识和了解。首先，市场经理需要有明确的报价决策、广告费决策和景观费决策，搜集以往其他企业的相关信息，进而较好地预测出市场对本企业商品房和别墅的需求数量；其次，市场经理需要和运营经理积极配合，对主要竞争对手进行分析，确定营销策略。

2. 明确销售任务

对于房地产企业来说，每年的销售约束主要来源于两个方面：一是企业上年度商品房和别墅的库存；二是本年度商品房和别墅的修建。市场经理要协同运营经理一起，确定本年度销售任务，主要是确认企业本年度修建商品房和别墅的数量，以此作为企业报价与广告投入策略的重要依据。

3. 制定订单竞标策略

在商业银行模拟运营决策仿真系统中，房地产企业报价越低，则品牌效应越高，订单也越多；但是，低的报价和多的销售量并不意味着高利润。房地产企业可以进行广告投入、提升品牌效应来获得更多订单。广告宣传对于房地产企业非常重要，如果要进行销售，广告费最低100万元。对于住宅这种商品，景观投资增加可以带来企业销量的增加。

市场经理应当根据市场需求、竞争对手情况、本企业房屋建盖能力等因素，进而确定本企业广告投放、景观投入。高的投入，可能得到多数订单。如果企业无法按订单要求生产出相应数量的产品，那就意味着企业浪费投入，增高了成本。

4. 产品交货和办理消费贷款

在商业银行模拟运营决策仿真系统中，房地产企业完成生产后，按订单进行交货，未能完成的订单，该企业需支付罚款；对于已完成部分，企业获得首付款后，需协助消费者完成消费贷款的办理。消费贷款能否顺利完成，关系到房地产企业资金链的完整与否。市场经理需积极和银行沟通，尽可能去完成消费贷款的办理，但也要考虑额度占用费的费率。额度占用费由企业支付，高的额度占用费有利于成功办理消费贷款，但也增加了企业的成本，降低了利润率。

5. 分析销售绩效

在每一年度经营结束后，市场经理需要对本年度的利润率进行测算，进而分析广告投放和景观投入是否合理。

（四）财务人员职责

在商业银行模拟运营决策仿真系统中，房地产企业财务人员包括会计主管、财务经理和理财经理。

1. 会计主管职责

会计主管应组织相关人员编制各项财务收支及资金计划，落实计划并检查其执行情况，对计划进行分析并上报上级领导；进行财务预算与成本控制管理；编制财务报表，进行财务分析。

在商业银行模拟运营决策仿真系统中，会计主管应确保应收款的收回以及在资金紧张时进行应收款的贴现业务；确保应付款的按时支付；确保企业存款的提前支取和违约金支付。在一年经营期结束后，会计主管应按照在系统中填写的数据计算结果，上缴增值税和所得税。

2. 财务经理职责

财务经理负责企业全面的资金调配以及成本核算、会计核算和分析工作；负责资金、资产的管理工作；监控可能会对企业造成经济损失的重大经济活动；管理与银行及其他机构的关系。

在商业银行模拟运营决策仿真系统中，财务经理协助总经理完成融资业务。当企业未能从银行获得足够贷款时，财务经理应积极和其他资金充裕的企业进行沟通，争取获得企业间的委托贷款，明确委托贷款协议中的各项内容，降低融资成本，并且确保贷款的获得；反之，当本企业资金充裕时，也可以与理财经理沟通，考虑发放委托贷款。通常，房地产企业不会提前偿还贷款，但在商业银行模拟运营决策仿真系统中，如果有企业提前偿还贷款，那么由财务经理完成。

3. 理财经理职责

理财经理主要负责房地产企业的理财业务，选择合适的理财产品，提高企业投资回报。

在商业银行模拟运营决策仿真系统中，房地产企业可选择的理财产品包括股票投资、国债投资、对公存款等，风险和收益由高到低。理财经理需负责收取股票投资的现金分红、购买和兑付国债并收取利息；办理银行对公存款并收取利息。理财经理在考虑应如何安排理财产品的资金投入时，需要清楚知道企业资金的使用情况，切忌因为投资理财产品而导致企业资金不足的情况发生。

第二节　央行和银保监会（团队）的规则

央行和银保监会（团队）在每年年初将依据上年统计数据和本年度目标来宣布本年度的存款准备金率、央票发行规模、国债发行规模、商品房和别墅首付比例、土地供给量、房地产公司增值税率等信息。从这些信息中，我们可以了解本年度的宏观政策。

一、市场流动性和 CPI 目标

从第二年开始，政府目标中的流动性为__________，CPI 为__________。

流动性=各组现金之和/房企交货总金额

央行组市场流动性得分=本年度市场流动性与第一年流动性相比（在±0.1 以内得 10 分；否则每超出 0.1 扣 1 分）。例如，第一年流动性为 0.9，则第二年流动性范围应在 0.8~1.0 均得 10 分；否则每超出 0.1 扣 1 分。其他组预测得分=本年度市场流动性预测值与实际值相比（在±0.1 以内得 10 分；否则超出 0.1 扣 1 分）。

$$\text{CPI（房价涨幅）} = \frac{(\text{本年度商品房平均售价} + \text{本年度别墅平均售价})/2}{(\text{上年商品房平均售价} + \text{上年别墅平均售价})/2} - 1$$

央行和银保监会（团队）如果将本年度房价涨幅控制在±2%以内得 10 分；每超出 1%扣 2 分。其他组房价涨幅预测得分=房价涨幅预测值（目标值）与实际值偏离±2%以内，得 10 分，每超出 1%扣 2 分。

以上扣分不出现负值。

二、流动性调整规则

（一）流动性判断

沙盘中流动性判断与现实相比存在差异。现实中，依据的是银行间利率，银行间利率持续上升时，流动性__________；银行间利率持续下降时，流动性__________。在商业银行模拟运营决策仿真系统中，流动性取决于各组现金之和与房企交货总金额，其中各组现金之和=资金总供给-资金总需求。

在本系统中，第一年的流动性既不宽松也不紧张，可以作为后续年度流动性的参考。当资金总供给过多或资金总需求不足或房企交货总额少时，都会导致流动性过剩；反之，则会导致流动性不足。

每年经营开始时，央行和银保监会（团队）需要对本年度流动性做出预测，进而决定相应的调节策略。预计流动性过剩时，可以采取减少资金供给、增加资金需求、增加企业的交货金额等策略；预计流动性不足时，可以采取增加资金供给、减少资金需求、减少企业交货金额等策略。

（二）流动性过剩或不足时常见情况调整

常见情况一：年底房地产企业不愿存款，商业银行不愿意吸收存款或提前支取违约金过高。

央行和银保监会（团队）应坚持每年初让银行先归还个人存款，再竞标新的个人存款；提醒房地产企业还可以提前还贷、购买国债等。

房地产企业存款有利于当年末利润增加，得分增加；银行吸收存款虽会降低盈利，但同时也会降低存贷比、提升超额准备金比率。

常见情况二：房地产企业不愿多拿，土地拍卖不出去。

大幅减少土地供给数量；大幅降低房地产企业增值税至最低；对销量排名靠前的房地产企业大幅加大奖励力度；提醒开发土地数量每增加一个等级，建安费会下降约

3%；大幅降低首付款（非常重要）比例至20%~30%；大量增加央行主动再贷款（此时不扣商业银行团队的分），注入流动性。拍完土地后，先竞标订单，再修建房屋。

常见情况三：商业银行和房地产企业现金都紧张。

央行应放松流动性，包括降低存款准备金率、降低再贴现率、回购未到期央票（如银行没有未到期央票，可由央行再贷款给银行，不扣分）、提醒银行提前兑付国债等；暂停央票发行、国债发行、外部票据；减少土地供给。

常见情况四：商业银行现金充裕，房地产企业现金紧张。

如房地产企业资产负债率未超标，可以降低存贷款基准利率；如房地产企业资产负债率超标，应提醒房地产企业提前支取存款；未办理的消费贷款尽快办理；通过股权融资；减少土地供给。

常见情况五：商业银行现金紧张，房地产企业现金充裕。

提高存贷款利率；提醒银行发行股票、再贴现、再贷款、提前兑付国债；大量增加央行主动再贷款（此时不扣商业银行团队的分），注入流动性；暂停央票发行、国债发行、外部票据；主动回购央票；提醒银行发行股票；大幅降低存款准备金率；增加土地供给。

三、CPI调整规则

为了抑制高房价，可以通过提高首付比例以减少消费者对商品房和别墅的需求；可以通过增加土地供给以增加房地产企业的开发房屋数量，同时增加商品房和别墅的供给；反之，当房价过低时，可以通过降低首付比例去刺激需求，减少土地供给进而减少房企供给来提高价格。

此外，当房地产全行业利润为负时，可以通过大幅降低增值税率来提高企业的盈利能力。

四、监管规则

（一）初始年利率的相关规则

存款利率：__________%。

贷款利率：__________%。

存贷利率可在基准利率__________ ~ __________倍范围内自行浮动。

存款准备金率：__________%（存款准备金的存款无利息）。

再贷款利率：__________%。

初始年存量央票的中标利率：__________%（现有盘面上的央票在当时购买时的中标利率）。

请注意：存款、贷款、国债与央票、委托贷款与同业拆借均在业务发生当期先行支付本期利息，到期无需支付利息，仅偿还本金；但股票须在下年计算投资收益。

（二）存贷款的规则

（1）存款自愿，取款自由：房地产企业存款或提前支取，商业银行不得拒绝，但可自主定价。

（2）各商业银行存贷比可以高于__________%，但存贷比超过__________%得分将降低。存贷比=（企业贷款余额+消费贷款余额）/（个人存款余额+企业存款余额）。

（3）房地产企业总资产负债率不得超过__________%（按贷款后年末资产总负债率计算）；否则商业银行不得为其提供新增贷款（当年仍为该企业发放贷款的商业银行将被罚款__________万元）。当资产负债率超过__________%时，房地产企业可通过委托贷款、股权、应收款贴现等其他方式融资。资产负债率=期末负债总额/期末资产总额。

（三）交易规则

房地产企业和商业银行不得进行“自杀式”利益输送：各组之间的交易价格不得低于成本，不得高于以前年度最大值（如以前没有交易记录，按最高成本×__________；如土地交易价格不超过最高成本，按最高成本×__________）；商业银行对公贷款利率+中间业务费率不超过已有各项个人存款利率最大值（以前年度对公贷款最高挂牌）。

第三节　商业银行（团队）运营规则

在商业银行模拟运营决策仿真系统中，商业银行（团队）运营中需要对负债业务、资产业务、中间业务以及银行资本进行管理。

一、负债业务规则

在本系统中，商业银行（团队）的负债业务包括了存款业务和借款业务。

（一）存款业务规则

在本系统中，存款业务包括了__________和__________存款。商业银行每年每新增__________亿元的存款就需要1个存款团队，存款团队不足，将影响个人存款竞标以及无法吸收对公存款。个人存款的总额由系统生成，每年初商业银行需先偿还到期的个人存款，再进行个人存款的竞标。个人存款共有4种期限，即1年期、2年期、3年期和4年期，利率逐渐升高。央行和银保监会（团队）每年按系统生成的个人存款总额随机抓取不同年限的个人存款筹码，得分高者其最大额度就高，还可优先选择存款期限。

1. 个人存款竞标规则

个人存款竞标得分主要取决于营销费用，也受上年存款总额、网点和贷款总额等影响。

（1）各家银行每年最低营销费用为__________万元。营销费用越高，则获得的个人存款越多。营销费用最小单位为百万元。

（2）上年存款总额、网点和贷款总额越多，下年的个人存款最大额度将越多。

（3）商业银行之间不可以联合竞标个人存款，但可以以同业拆借的形式进行资金往来。

2. 个人存款利息支付规则

个人存款共有4种期限的利率分别为：

1年期利率=基准利率+__________%；

2年期利率=基准利率+__________%；

3年期利率=基准利率+__________%；

4年期利率=基准利率+__________%。

其中，1年期按千万元整数倍吸收，2年期和3年期按__________千万元整数倍吸收，4年期按亿元整数倍吸收。

商业银行每年初需支付__________的利息（含本年度新增个人存款）。

3. 企业存款规则

在商业银行模拟运营决策仿真系统中，年底银行可以吸收企业存款，其为协议存款，至少__________年期，金额至少__________千万元。房地产企业报出存款规模，商业银行报出存款利率（若商业银行未报存款利率，默认以__________利率存款），存款规模最大的房地产企业可以优先选择存款利率最高的商业银行，商业银行不得拒绝；商业银行吸收存款后，即支付存款利息。

年初，房地产企业根据资金的实际情况办理存款的提前支取，是否支付违约金取决于存款协议约定。

（二）借款业务规则

在本系统中，商业银行的借款业务包括__________、__________以及__________三种类型。借款业务与存款团队数量无关，可以增加商业银行的资金来源。

1. 同业拆借规则

商业银行可以通过同业拆借来调整其流动性。资金缺乏需要拆入的银行报出贷款规模；同时，资金富裕的银行报出愿意贷出的金额和最高年利率。之后，由资金需求最多的银行优先选择利率最低的银行签订同业拆借协议，并从当年开始支付利息，到期还本。同业借入有利于降低银行存贷比，提高得分。

2. 向央行借款规则

在本系统中，向央行借款业务包括了再贷款和再贴现。其中，再贷款也是我国商业银行向央行借款的主要形式。

（1）再贷款规则。

当商业银行出现资不抵债或出现流动性危机时可以申请再贷款，期限为一年。商业银行如果主动申请再贷款，累计2亿元再贷款总分将扣3分；但央行主动发起的再贷款不扣分。初始年再贷款利率为__________%，当CPI变化幅度较大时，再贷款利率会发生改变。

（2）再贴现规则。

在银行流动性不足时，可以将未到期的贴现票据到央行的再贴现窗口办理再贴现以融通资金。再贴现率和再贴现条件由央行和银保监会（团队）颁布。

3. 转贴现规则

系统中，资金缺乏的商业银行（团队）可以通过转贴现向资金充裕的商业银行（团队）融资。转贴现是商业银行将未到期的贴现票据出售给其他商业银行以融通资金的行为。转贴现的利率由双方协定，也可以以贴现率为基础或参考再贴现率来确定。

二、资产业务规则

在本系统中，商业银行的资产业务包括了贷款业务、现金资产业务和债券投资业务。

（一）贷款业务规则

系统中，商业银行的贷款业务包括了________和________贷款。银行每年每新增________亿元的贷款就需要 1 个贷款团队，当贷款团队不足时，将影响银行贷款的发放，进而影响利润率。对公贷款根据房地产企业的资产负债率和销售利润率划分出五级贷款，其中资产负债率 = ________；销售利润率 = ________。实验中的五级贷款分类标准详见表 2-1。

表 2-1　实验中的五级贷款分类标准

贷款类型	资产负债率	销售利润率
正常类贷款	<________%	>________%
关注类贷款	<________%	≤________%
次级类贷款	________%-________%	>________%
可疑类贷款	________%-________%	≤________%
损失类贷款	>________%	________

1. 对公贷款规则

（1）当房地产企业上年末资产负债率超过________%时，本年度为该企业发放贷款的银行将被罚款。

（2）每年商业银行先收回到期企业贷款本金，再办理新的企业贷款。对于无法偿还贷款的企业，银行将根据对公贷款协议加收违约金，拍卖企业库存商品房和土地或政府以底价收购；如果企业没有抵押物，高利贷利率为________%，银行不得私自对企业进行贷款展期；否则将被处罚。

（3）房地产企业（团队）报出对公贷款规模后，商业银行（团队）需报出本年度贷款最高和最低年利率、计划额度、最高额度占用费和最高财务评审费。

贷款最高年利率不应高于客户的________；贷款最低年利率主要针对________和________，不应低于银行的________。额度单位为________，最大不应该超过________。贷款期限由双方商定，其额度占用费以百分率报出，一次性收取，而财务评审费以________为单位，每年收取。

由贷款综合指标得分最高的房地产企业（团队）先选商业银行（团队）进行贷款，银行如果拒绝，其同等客户的贷款利率只能依次升高。如果企业贷款综合指标得分相同，再依次比较贷款规模大小。企业贷款综合指标由系统根据企业前期经营状况给出。

（4）商业银行和房地产企业签订银行贷款协议。当出现纠纷时，按照协议内容仲裁。

2. 对公贷款准备金计提规则

系统中，商业银行不良贷款与专项风险损失准备的贷款余额采用的是银行上年年底账面的对公贷款余额，与消费贷款无关。

（1）一般准备。

一般准备属于商业银行所有者权益，提取比例不得低于年末贷款余额的__________%。

（2）专项准备。

关注类贷款，计提比例为__________%；次级类贷款，计提比例为__________%；可疑类贷款，计提比例为__________%；损失类贷款，计提比例为__________%。特种准备由银行根据不同类别（如国别、行业）贷款的特种风险情况、风险损失概率及历史经验自行确定按季计提比例。

商业银行的专项准备每年年初计提，系统自动计算计提金额。

3. 消费贷款规则

商业银行的消费贷款包括个人消费贷款和补发个人消费贷款。上年未办理的消费贷款可以在本年度年初进行补发，补发的消费贷款将占用本年度的贷款额度。

（1）系统中，消费贷款期限为______年，利率为______，采用______法偿还；消费者从贷款当年开始偿还利息，本金从次年开始偿还。为简化计算，每年按消费贷款余额的______%等额偿还。

（2）每年商业银行将报出消费贷款的发放额度和最高额度占用费。其中，消费贷款的额度受贷款团队数量和已发放对公贷款数量的影响，还需要考虑存贷比；额度占用费由房地产企业按百分率一次性支付，企业可以和银行就额度占用费进行协商。

（3）消费贷款规模最大的房地产企业（团队）先选额度占用费最低的商业银行（团队）进行贷款，银行如果拒绝，其同等客户的额度占用费率只能依次上升。

（4）当商业银行无现金为房地产企业发放消费信贷时，企业应计__________年应收款，该应收款可以在以后年度办理消费贷款（此应收款为消费者购房欠款，不能贴现）。

4. 票据贴现规则

房地产企业（团队）票据可找任何一家商业银行贴现。外部市场还有家居、建材、高档消费品行业票据待贴现，票据为__________千万元的整数倍。每年由系统确定当年外部票据总额，央行和银保监会（团队）再选出具体行业票据。银行按照每__________千万元收取贴现费的数额进行报价。由贴现费__________的商业银行（团队）先选，贴现费相同则按提交顺序优先。

当上年房地产企业销量同比上升时，高档消费品企业票据将出现延期兑付；当上年房地产企业销量同比下降时，家居、建材等企业将出现延期兑付。

银行给出的贴现费率 =__________÷__________，一般不高于该银行当年发放给企业的实际贷款最高利率（不含中间业务费率，如当年没有发放贷款，按基准利率报出）。当贴现率过高时，企业可以选择不贴现；当风险过高时，银行也可以选择不贴现。

（二）现金资产业务规则

现金资产是商业银行维持其流动性而必须持有的资产，是银行信誉的保证；同时，现金资产又是一种无利或微利的资产，将影响银行的盈利性。系统中，商业银行的现金资产业务包括了__________和__________。

1. 库存现金规则

系统中，银行支付的利息、分红以及偿还的存款、缴纳的各种税费等都必须用现金完成。因此，银行必须保留足够的现金以完成各项业务。现金不足时，可采用同业拆借、再贷款、再贴现、转贴现等方式，但这样就会提高商业银行（团队）的运营成本，影响得分。

2. 存款准备金规则

系统中，存款准备金采用多退少补的规则。每年年底，各银行以所有个人存款和企业存款余额为基数，按照央行宣布的__________存款准备金率，计算存款准备金的支出或冲回数额。

（三）债券投资规则

商业银行债券投资的目标，主要是平衡流动性和盈利性，并降低资产组合的风险、提高资本充足率。系统中，商业银行债券投资的对象为国债和央票。央票发行的目的不是筹资而是通过公开市场调节金融体系的流动性。

1. 国债投资规则

系统中，国债期限包括 1 年期至 5 年期，发行期限和数量由央行和银保监会（团队）年初发布。溢价率高者优先购买国债，国债按__________整数倍购买。企业和银行都可购买国债，转让国债利率由双方协商。国债每提前一年兑付，按__________%支付手续费，单张凭证式国债不能拆分兑付。

2. 央票投资规则

系统中，央票由央行和银保监会（团队）年初公布发行规模，期限均为____年。央票由银保监会（团队）按各银行上年__________比例分配给银行，银行必须购买，央票不可提前兑付和转让，初始年利率__________。

三、中间业务规则

中间业务是指不构成银行表内资产、表内负债的非利息收入的业务，包括收取服务费或代客买卖差价的理财业务、咨询顾问、基金和债券的代理买卖、代客买卖资金产品、代理收费、托管、支付结算等业务。系统中，中间业务主要包括支付结算、代理、服务等（表 2-2）。

表 2-2　中间业务内容与收费

类别	收费内容与标准
结算及代理费	房地产企业之间的委托贷款必须通过商业银行进行，商业银行可收取代理费，金额自定。

表2-2(续)

类别	收费内容与标准
额度占用费	由于商业银行额度有限，房地产企业为了及时拿到贷款，银行可以要求其支付一定的额度占用费（承诺费），金额自定。
财务评审费	每笔对公贷款每年按一定金额的百分比收取财务评审费，比例自定。（用于商业银行每年要做的贷款评审。消费贷款没有财务评审费。）

四、银行资本规则

系统中，商业银行的资本包括实收资本（股本）、盈余公积、未分配利润、一般风险准备 4 个部分。

（一）实收资本规则

系统中，各银行初始的实收资本相同，即__________万元，当商业银行发行股票时，将改变实收资本数额。

各银行自定发行股票数量、发行价（可溢价与折价发行）、占股份比例等，但应保证控股权不变。为简化报表，在发行方记账时，股票投资款按原值计入实收资本，溢价与折价只通过股份占比不同反映。例如：当 A 银行股东权益为 3 亿元时，想通过股权筹资 1 亿元，如果新股东出资 1 亿元并占股 25%（总股本 4 亿元，其中新股东占1 亿元），则表示按每股 1 元的平价发行；如果新股东出资 1 亿元只能占 1/7 股份（总股本 3.5 亿元，新股东占 0.5 亿元），表示按每股 2 元溢价发行；如果新股东出资 1 亿元并占股 40%（总股本 5 亿元，新股东占 2 亿元），表示按每股 0.5 元折价发行。股票发行后，在游戏结束时或退出股份时进行一次性分红（按购买股票后的累计利润×股份占比）。

发行股票时，商业银行（团队）填写股票发行表，收取投资款；赎回股票时，商业银行（团队）需用现金支付赎回。

（二）盈余公积规则

盈余公积是银行按照规定从净利润中提取的各种积累资金。系统中，盈余公积由系统计算给出，本年度盈余公积=上年盈余公积+上年未分配利润。

（三）未分配利润规则

未分配利润是商业银行在税后利润中扣除优先股股息和普通股股息之后的余额。系统中，未分配利润由系统计算给出。

（四）一般风险准备规则

商业银行的一般准备即损失准备金，是根据全部贷款余额的一定比例计提的，用于弥补尚未识别的可能性损失的准备。系统中，其计算公式为：一般准备=所有贷款余额×__________%，但由系统自动计算给出。

五、其他规则

（一）网点规则

商业银行每年每新增个人存款和企业存款＿＿＿＿亿元需要 1 个存款团队办理，每年每新增企业贷款与消费贷款＿＿＿＿亿元需要 1 个贷款团队办理。每个存款或贷款团队招募费用为＿＿＿＿百万元，年工资奖金为＿＿＿＿百万元（从招聘当年开始发放工资奖金），所有业务需提前一年配备好存款和贷款团队；否则只能按现有团队最大业务量办理业务。团队被辞退当年仍需支付工资奖金。

每个网点能够容纳＿＿＿＿个存款团队和＿＿＿＿个贷款团队。每个网点新建费用为＿＿＿＿百万元，每年运营费为＿＿＿＿百万元（从建设当年支付运营费）。网点撤销当年仍需支付运营费。招募团队前必须先建网点，但建好网点后可以不招募团队。

（二）政府监管银行规则

（1）商业银行增值税率＿＿＿＿%，各项利息支出与中间业务费支出无法抵扣，仅国债利息收入和同业拆借利息收入免税。

（2）银行每年行政管理费为＿＿＿＿万元。所得税为＿＿＿＿%。

（3）银行不得为资产负债率超过＿＿＿＿%的企业提供新增贷款，当年仍为该企业发放贷款的银行将被罚款＿＿＿＿万元。在提交报表后，发现资产负债率超标，罚款记在下一年。

第四节　房地产企业（团队）运营规则

系统中，房地产企业（团队）竞标土地以修建商品房和别墅，并通过对其进行销售以获得最大利润。

一、开发规则

（一）开发资质规则

系统中，房地产企业的开发资质决定了其经营范围，影响其获得利润的能力。房地产企业资质要求见表 2-3。

表 2-3　房地产企业资质要求

	一级	二级	三级
资格	累计＿＿年盈利，有＿＿个运营团队，上年开发土地＿＿亩。	上一年盈利，有＿＿个运营团队，上年开发土地＿＿亩。	有＿＿个运营团队。

表2-3(续)

	一级	二级	三级
经营范围	不限规模，可开发城市基础设施与配套工程。	每年开发土地总规模为____亩。	每年开发土地总规模为____亩。

注：1 亩=0.000 666 7 平方千米。

（二）工程实施规则

系统中，房地产企业既可以建设住宅，也可以建设市政工程项目。

1. 房地产企业主要建盖的住宅为__________和__________

（1）商品房：每亩[①]土地可建设__________套；别墅：每亩土地可建设__________套。

（2）每亩土地基础景观设计费为__________万元，每增加投入景观费__________万元，将提升项目档次。在不增加其他成本的情况下获得__________%溢价和__________%的销量增长，每亩土地景观投入最多为__________万元。

（3）商品房和别墅的建安成本见表 2-4。

表 2-4　商品房和别墅建安成本

投入商品房建设土地数量（亩）	每亩商品房建安费（万元）	投入别墅建设土地数量（亩）	每亩别墅建安费（万元）
1~10	300	1~10	100
11~20	290	11~20	97
21~30	280	21~30	94
31~40	270	31~40	90
41~50	260	41~50	85
50 以上	250	50 以上	80

注：1 亩=0.000 666 7 平方千米。

由表 2-4 可知，随着开发土地数量的增加，每亩土地的建安成本呈下降趋势。

（4）规划设计费

规划设计得越好，房屋卖价就越高。实验中，规划设计费为房价的__________%，高的房价也意味着高的设计费以及高的成本。

2. 市政工程项目

第__________年开始，政府可以招标市政工程项目，具有__________级开发资质的企业才具有竞标资格。

政府将以土地换项目的形式和应付款形式开展城市基础设施与配套工程，竞标标的是当年可以换取的土地亩数，采取__________，各组报出换取土地数量，优先满足换取土地亩数最__________的企业。基础设施与配套工程换取的土地按__________万

① 1 亩=0.0006667 平方米（后续内容提及的土地面积单位“亩”，均参考这个标准进行换算）。

元/亩计入当年业务收入，该批土地成本也按__________万元/亩计算。市政工程项目有两类，如表2-5所示。央行和银保监会（团队）每年可以根据竞争情况决定城市建设工程项目数量。

表2-5　市政工程项目

项目号	需要技术设计费	需要建安费	最多换取土地数（1亩=0.000 666 7平方千米）	账期
A1	______亿元	______亿元	______亩	当年末土地到位
A2	______亿元	______亿元	______亩	当年末土地到位

二、投融资规则

系统中，房地产企业可以通过银行贷款、委托贷款（贷）、股权融资、应收款贴现等方式融资；也可以通过办理银行存款、委托贷款（借）以及股权、国债等方式进行投资。

（一）银行贷款规则

房地产企业的银行贷款有信用贷款和抵押贷款。房地产企业总资产负债率超过__________%（按贷款后年末资产总负债率计算）时，无法获得银行的新增贷款。每年企业需先偿还到期贷款本金，再办理新的贷款。当企业无法偿还贷款时，企业需根据协议支付违约金，并争取进行贷款展期。如果银行不同意展期，对于抵押贷款，那么可以拍卖企业库存商品房和土地或政府以底价收购；对于信用贷款，企业将被要求强制高利贷，偿还贷款，高利贷利率为__________%。

房地产企业报出对公贷款规模后，根据商业银行报出的本年度贷款最高和最低年利率、计划额度、最高额度占用费和最高财务评审费等内容以及贷款期限和商业银行进行贷款谈判。签订贷款协议，并支付__________、__________、__________，其额度占用费以百分率报出，为一次性收取，而财务评审费以__________为单位，每年收取。出现纠纷时，按照协议内容仲裁。

（二）委托贷款规则

系统中，房地产企业无法获得新增贷款时，可以找其他企业商议办理委托贷款。委托贷款的期限、数额、利率等由双方商定，获得委托贷款的企业需选择一家银行支付代理费用。

（三）股权投融资规则

1. 股权融资规则

房地产企业初始股东资本为15 000万元。各企业自定发行股票数量、发行价（可溢价与折价发行）、占股份比例等，但应保证控股权不变。为简化报表，在发行方记账时，股票投资款按原值计入实收资本，溢价与折价只通过股份占比不同反映。例如：当A企业股东权益为3亿元时，想通过股权筹资1亿元，如果新股东出资1亿元并占股25%（总股本4亿元，其中新股东占1亿元），则表示按每股1元的平价发行；如果新股东出资1亿元只能占1/7股份（总股本3.5亿元，新股东占0.5亿元），表示按每股2元溢价发行；如果新股东出资1亿元并占股40%（总股本5亿元，新股东占2亿元），表示按每股0.5元折价发行。股票发行后，在实验结束时或退出股份时进行一次性分红（按购买股票后的累计利润×股份占比）。

发行股票时，房地产企业（团队）填写股票发行表，收取投资款，将改变初始股东资本；赎回股票时，房地产企业（团队）需用现金支付赎回。

2. 股权投资规则

各企业可以购买和卖出其他企业和银行的股票；卖出时，需在运营表中分别填写购买时的投资款和转让款。

（四）应收款贴现规则

房地产企业的应收款可以到银行办理贴现。实验中，政府收购限价房后，将在__________年后完成支付，即企业有__________年期应收账款；企业间转让土地也会产生应收账款。这些应收账款在企业资金困难时可以选择一家银行进行贴现。

银行给出的贴现费率一般不高于该行当年发放给企业的实际贷款最高利率（不含中间业务费率，如当年没有发放贷款，按基准利率）。当贴现率过高时，企业可以选择不贴现；当风险过高时，银行也可以选择不贴现。

三、土地相关规则

系统中，房地产企业可以通过竞标、收购和置换等方式获得土地，也可以协商转出土地。

（一）土地竞标规则

（1）政府的底线是__________万元/亩，各公司以__________万元/亩为一个报价单位，为避免恶性竞争，最高限价为__________万元/亩。企业购买土地总金额不得超过盘面现有资金，单价高者优先拿地，单价相同时，按交投标单顺序优先拿地。企业参与竞标后，不拿地，将按违规处罚。

（2）企业之间可以联合投标土地。

（3）为了获取最高收益，每一年政府会视房地产价格波动决定是否增加供地，央行和银保监会（团队）可以修改每年供地计划。流标的土地加入下一年继续竞标，上一年超额供应的土地也在下一年扣减。

（二）土地转让规则

企业之间土地可以转让，价格自定。企业之间的交易既可以__________，还可以__________记账。企业拿地后，可自由选择建设别墅还是商品房。

（三）项目换土地规则

企业具有__________级开发资质后，当政府开发市政项目时，企业可以帮助政府完成项目以获得土地。市政项目包括两类，其中A1项目需要的技术设计和建安费共计__________亿元，最多置换__________亩地；A2项目需要的技术设计和建安费共计

__________亿元，最多置换__________亩地。采取拍卖制，各组报出换取土地数量，优先满足换取土地亩数最少的企业。

四、订单竞标规则

（一）订单获取规则

1. 广告费与品牌效应规则

房地产企业的订单取决于品牌效应和报价，各企业的广告费用竞标以 100 万元为单位。商品房销售报价以 10 万元为单位（每套商品房市场参考价为__________万元，最高限价为__________万元）；别墅报价以 50 万元为单位（每套别墅市场参考价为__________万元，最高限价为__________万元）。

发布广告对房地产公司来说是很重要的营销手段，若要顺利销售房屋，广告费最低为__________万元。

品牌效应=__________+__________+__________

品牌效应取决于本年度广告费、上年销售额和上上年销售额。品牌效应越高，则订单越多；报价越低，订单越多。

企业之间不可以联合竞标订单或转让订单，也不可以转让房屋。

2. 景观投入规则

房地产企业每亩地的基础景观投入为 100 万元，在此基础上每增加投入 50 万元，将在不增加其他成本的情况下，获得 3%的销售溢价和 3%的销量增长。每亩景观投入最多为 400 万元。

3. 运营团队规则

房地产公司销售收入每 5 亿元（不含限价房销售收入）需要 1 个运营团队，每个运营团队招募费用为 100 万元，年工资奖金为 1 000 万元（从招聘当年开始发放工资奖金）。所有业务需提前一年配备好团队；否则只能按现有团队最大业务量减少别墅/商品房订单（系统优先减少商品房订单，再减少别墅订单）。团队辞退当年仍需支付工资奖金。

（二）订单交付规则

所有订单年底交货。房地产公司可以选择捂盘不售，订单过多无法交付时，房地产公司将按未交付订单额的__________%被处以罚款，当年未交付的订单将全部作废。

如交货后还有商品房未售完，企业可以选择由政府作为限价房以市场参考价收购，但 2 年后才能收取（记 2 年应收款）。政府不收购别墅。

初始年消费者现金首付比例为 30%，尾款由银行发放消费信贷。为了获得现金，房地产企业需根据商业银行挂出的发放额度及额度占用费与银行进行商议，支付额度占用费以获得消费贷款。

对于未获得消费贷款部分，企业应计__________年应收款，该应收款可以在以后年度办理消费贷款（此项应收款为消费者购房欠款，不能贴现）。消费贷款办理成功后，由消费者分__________年偿还给银行，与企业无关。

五、政府监管规则

各企业第一年按__________%交纳增值税，以 100 万元为单位向上取整，以后各年度增值税率由政府制定；所得税率均为__________%。

各企业每年支付高管团队工资（记为管理费用）为__________万元。

各企业违规操作，除归还违规操作款项外，另罚款__________万元。

企业无钱还贷、支付工资或交纳管理费、增值税时，将采取强制高利贷（年利率__________）的方式还款（该贷款由消费者提供），高利贷必须是 1 000 万元的整数倍。

第三章 商业银行模拟运营决策仿真系统实物沙盘版演练

■教学要点

了解商业银行模拟运营决策仿真系统的起始状态；通过演练，熟悉商业银行决策仿真系统运营流程，熟悉物理沙盘和软件的具体操作和填制方法。

第一节 商业银行模拟运营决策仿真系统起始状态设定

商业银行模拟运营决策仿真系统中存在产品市场、资本市场和货币市场。在此实验中，房地产企业（团队）代表产品市场，商业银行（团队）（含投资银行功能）代表资本市场和货币市场，央行和银保监会（团队）代表监管层。其中，房地产企业（团队）有4~6家，商业银行（团队）有4~6家。

房地产企业是产品市场供给方，经营多种产品，即商品房和别墅、限价房、城市基础设施与配套工程；其产品需求方包括本国消费者和本国政府。房地产企业通过竞标获得订单，而报价、广告费、品牌效应、景观设计费等变动将会影响订单获得数量；土地竞标价格、土地开发量、增值税等将会影响产品成本，进而影响企业利润。

商业银行是金融市场的可贷资金供给方，其资金主要来源于通过竞标获得的个人存款。

一、模拟房地产企业情况

（一）房地产企业基本情况

初始状态时，各房地产企业运作情况良好，所处状态相同。

（1）__________万元现金（可由教师调整，前提是要保证资产负债表平衡）。

（2）价值__________万元的土地__________亩。

（3）__________年期银行贷款__________万元（A 企业该笔贷款的交易对象为 A 银行，其他企业依此类推）。

（4）股东资本__________万元（可由教师调整，前提是要保证资产负债表平衡）。

（5）有__________个运营团队，目前资质为三级。

（6）上一年实现销售额__________万元。

当以上六项内容确定后，设定为商业银行模拟运营决策仿真系统起始状态。图 3-1 是实物沙盘版中实物沙盘盘面房地产企业经营到某年年初的基本情况，即房地产企业起始状态。

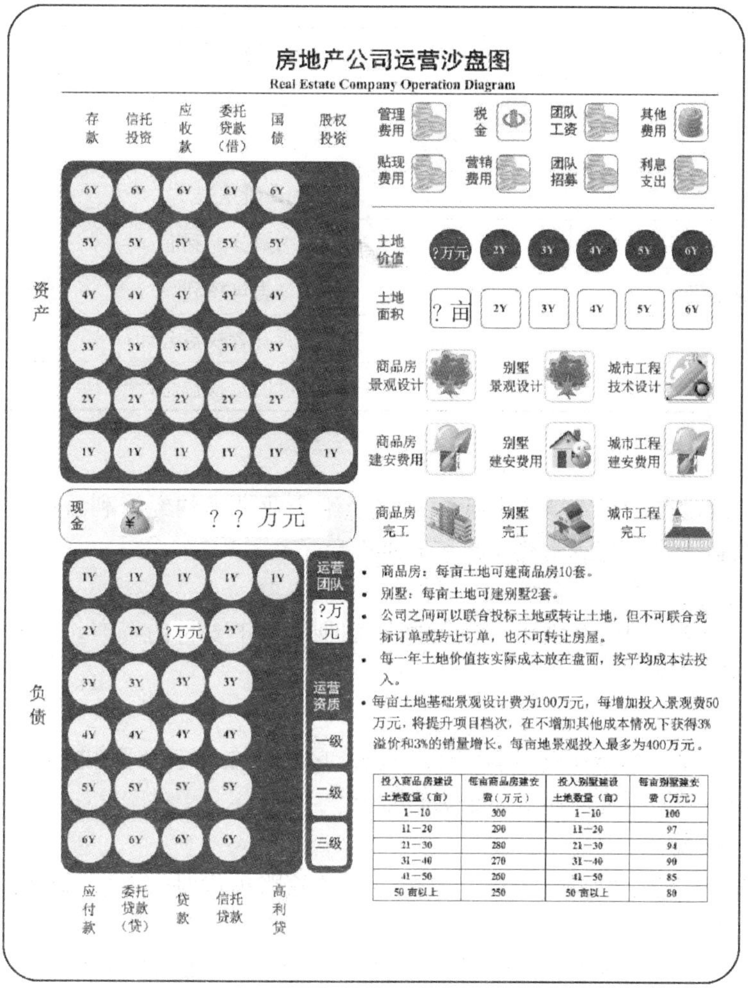

投入商品房建设土地数量（亩）	每亩商品房建安费（万元）	投入别墅建设土地数量（亩）	每亩别墅建安费（万元）
1—10	300	1—10	100
11—20	290	11—20	97
21—30	280	21—30	94
31—40	270	31—40	90
41—50	260	41—50	85
50 亩以上	250	50 亩以上	80

图 3-1　房地产企业起始状态

（二）模拟房地产企业财务情况

资产负债表是以企业资产、负债和所有者权益静态状况来说明企业某一特定日期的财务状况。资产负债表根据“资产=负债+所有者权益”公式，依照一定分类标准和一定次序，把企业资产、负债和所有者权益项目予以适当排列编制而成。本系统对于房地产企业的财务报表进行了简化。

利用资产负债表，可以了解企业拥有或控制资产总额及其构成情况、企业负债和所有者权益状况，它是预测企业未来理性决策的重要基础。学生需根据起始状态填写房地产企业资产负债表（表3-1），理解每一项数据的含义。

表3-1　房地产企业资产负债表　　单位：万元

资产	金额	负债和所有者权益	金额
资产：		负债：	
现金		高利贷	
银行存款		应付账款	
应收账款		银行贷款	
股权投资		委托贷款（贷）	
产成品		负债合计	
国债		股东资本	
委托贷款（借）		未分配利润	
土地净值		当年净利润	
		所有者权益合计	
资产总计		负债及权益总计	

1. 资产

资产是指因过去交易或事项形成，预期会给企业带来的经济利益；它主要是指企业拥有或者控制资源，包括流动资产和长期资产。

（1）现金。

盘面上，现金采用模拟纸币，表示这是企业可用于支付的资产。其他筹码仅是记账使用，不可用于支付。

（2）银行存款。

银行存款是可以给企业带来投资收益的，它的存在用于加强和银行的沟通联系。企业提前支取存款，需要把存款记账筹码撤出。

（3）应收账款。

应收账款是由企业赊销形成的。当企业发生赊账销售时，需要将记账筹码放在应收款账期年份位置。

在本系统中，应收账款包括了商品房销售应收款、限价房应收款、土地转让应收款等。除了与消费贷款相关的应收款以外，其他应收款可以办理贴现。在应收款收回和贴现后，应把盘面上原应收款记账栏位置筹码取走。

（4）股权投资。

当企业购买股票时，需要将记账筹码放在盘面股权投资位置。

（5）产成品。

产成品是指企业完成全部生产过程后可供销售的产品。本实验中产成品为商品房和别墅，资产负债表中反映的产成品为库存商品房和别墅的土地价值与建安成本之和。

商品房和别墅需投入土地修建，土地成本栏记录这些土地购买时的成本。每年企业修建商品房或别墅时，土地价值筹码要随土地一起移动；待商品房或别墅修建完工时，可用土地价值筹码、土地筹码、建安费筹码换取对应的房屋筹码。在这个实验中，均假定“当年生产，当年完工”。

（6）国债。

国债是国家为筹措资金而向投资者出具的书面借款凭证，承诺在一定时间内按约定的条件，按期支付利息和到期归还本金。购买国债时，应放上相应年份的特定国债记账筹码；在国债到期或提前支取时取出。资产负债表中的国债为企业持有全部国债的余额。

（7）委托贷款（借）。

委托贷款是由政府部门、企事业单位及个人等委托人提供资金，由金融机构（受托人）根据委托人确定的贷款对象、用途、金额、期限、利率等发放的贷款。在委托贷款中，所涉及的委托贷款利率由委托双方自行商定，但最高不能超过同期基准贷款利率的 4 倍。在该实验中，委托双方商定后，需选择一家商业银行并支付相关费用完成资金拆借。委托贷款（借），是资金充裕的企业将资金贷放给资金缺乏的企业，由此形成资产。如果发生委托贷款操作，需要资金充裕的企业拿出现金给资金缺乏的企业，同时在盘面委托贷款（借）相应位置等额摆放资金记账筹码。

（8）土地净值。

在本系统中，企业可以囤地。获得土地时，要用现金支付土地款，再在盘面上相应年份摆放记账筹码。土地净值是企业盘面剩余土地按当年购买时的价值计算。

2. 负债

负债是企业过去的交易或者事项形成的、预期会导致经济利益流出企业的现时义务。在本系统中，企业的负债包括高利贷、应付账款、银行贷款和委托贷款（贷）4个项目。

（1）高利贷。

企业无钱还贷、支付工资和土地款或交纳管理费、增值税时，将采取强制高利贷（年利率 30%，该贷款由消费者提供）的措施，形成企业负债。当发放高利贷时，应先在高利贷栏摆放记账筹码，再在现金栏增加贷款。

（2）应付账款。

应付账款是因购买材料、商品和接受劳务等经营活动应付未付款项，形成企业负债。

在本系统中，应付账款只会出现在土地转让时，其他交易必须现金支付。当发生应付款时，需在应付款相应年份摆上记账筹码。

（3）银行贷款。

银行贷款是指房地产企业向商业银行借入的款项。

在本系统中，贷款通过竞标和协商进行，协商内容包括：贷款的期限、类别（抵押、担保、信用）、能否提前还贷和展期以及违约金等。需要注意：贷款是发生时即支付当年利息，以后每年还要按贷款合同约定利率支付利息，最后一年到期只还本金。例如，两年期贷款，第一年年初提出贷款，即支付当年利息，以后第二年年初还要付息，第三年年初仅偿还本金。当发生贷款时，应先在贷款栏相应年份摆放记账筹码，再在现金栏增加贷款。

（4）委托贷款（贷）。

委托贷款（贷），即借入的委托贷款，是资金缺乏的企业向资金充裕的企业借入资金，形成企业负债。当发生借入委托贷款时，应先在委托贷款栏相应年份摆放记账筹码，再在现金栏增加贷款。

3. 所有者权益

所有者权益是指企业资产扣除负债后由所有者享有的剩余利益，包括投资者对企业投入资本和在经营中形成留存收益。在本系统中，所有者权益是股东资本、未分配利润和当年净利润三个项目之和。

（1）股东资本。

股东资本是股东实际投入企业经营活动的各种财产物资，由于这些物资已经转化为资产，在盘面上并没有摆放股东资本。初始状态，企业股东资本为 15 000 万元。当企业发行股票时，将改变股东资本。

（2）未分配利润。

未分配利润是企业税后利润减去应发现金股利的差额。在本系统中，不考虑股东分红，该项目是指截至上一个经营年度企业的全部净利润总和。表 3-1 反映的是企业第一年年初财务状况，以前年度利润为 0。

（3）当年净利润。

当年净利润是指企业利润总额扣除所得税后的净利润。

（三）模拟房地产企业的经营成果

系统中所模拟的各房地产企业的初始状态均相同，经营业绩集中体现在企业的盈利上。

损益表是反映企业在一定会计期间经营成果的报表，又称动态报表。利用损益表，可以评价一个企业的经营成果和投资效率，分析企业的盈利能力及未来一定时期的盈利趋势。损益表可以提供企业合理经济决策所需要的有关资料，可用来分析利润增减变化的原因、企业经营成本、投资价值评价等。房地产企业损益表如表 3-2 所示。

表 3-2　房地产企业损益表　　单位：万元

项目	符号	金额
主营业务收入（不含税）		
土地费	-	
建安费（不含税）	-	
城建工程技术设计费（不含税）	-	
景观费与规划设计费（不含税）	-	
毛利	=	
管理费用	-	
营销费用（不含税）	-	
财务费用	-	

表3-2(续)

项目	符号	金额
营业利润	=	
投资理财收益	+	
营业外净收益	+	
利润总额	=	
所得税	−	
净利润	=	

1. 主营业务收入（不含税）

（1）含税收入是指包含增值税的销售收入。

本项目包括如下内容：

①企业当年按订单实际交付商品房、别墅取得的收入金额，即销售价格乘以销售数量；未按时交货的违约订单金额不计入此项目。

②企业当年交付的限价房形成的应收款金额，即限价房价格乘以交付数量。

③企业竞标城建工程可以获得土地，土地按900万元/亩价格计入当年收入，即900×换取数量。

④企业当年转让土地获得的现金或形成的应收款。

（2）增值税。

增值税是以商品（含应税劳务）在流转过程中产生增值额作为计税依据而征收的一种流转税。在实际中，商品新增价值或附加值在生产和流通过程中很难准确计算。因此，我国也采用国际上普遍采用的税款抵扣办法，即根据销售商品或劳务销售额，按规定税率计算出销售税额，然后扣除取得该商品或劳务时所支付的增值税款，也就是进项税额，其差额就是增值部分应交税额，即增值税=销项税额-进项税额。

在本系统中，每一年度的增值税率可以由政府根据经济形势进行调整。各企业应交增值税由系统计算给出。

（3）不含税主营业务收入

在商业银行模拟运营决策仿真系统中，该项目为不含增值税收入。

2. 开发费用和转出土地成本

开发费用是企业实际支付款项（不含税价），包括土地费、建安费、城建工程技术设计费和景观费与规划设计费。系统中，只计算已交货的商品房、别墅和限价房开发费用，不包含未交货部分开发费用。注意，损益表中除土地费外，其他是不含税采购成本，即含税价/（1+增值税税率）。土地费=单价×交货部分投入数量，其单价为企业当年已有土地的每亩平均成本，

转出土地成本是企业间转让土地时转出土地的成本，其单价按已有土地平均成本计算。

3. 毛利

毛利是指企业商品销售收入（售价）减去商品原进价后的余额。若毛利不足以补偿流通费用和税金，企业就会发生亏损。系统中，毛利=不含税销售收入-不含税成本

=销售收入-土地费-建安费-转出土地成本-城建工程技术设计费-景观费-规划设计费。

我们将毛利占商品销售收入或营业收入的百分比称为毛利率，即毛利/不含税销售收入。通过分别对商品房和别墅毛利的计算，进而计算毛利率，可以帮助企业选择最优的房屋开发设计方案。

4. 管理费用

管理费用是企业行政管理部门为组织和管理生产经营活动而发生的各种费用。系统中，各房地产企业每年行政管理费和团队管理费均记为管理费用。

5. 营销费用

营销费用是指项目销售推广、物料包装以及与营销相关的各类服务、维护保养、促销而发生的一切费用。系统中，房地产企业的营销费用主要是广告投放。通过投放广告来提升品牌效应、扩大宣传力度，进而获得更多订单。企业需要考虑产品报价和广告费之间的关系，考虑多投入的投资回报率，进而决定营销费用的投入。

损益表中所示的营销费用为不含税数额，相当于当期支付的广告费-按6%计算的增值税进项。

6. 财务费用

财务费用是指企业为筹集生产经营所需资金等而发生的费用。具体项目有：利息净支出（利息支出减利息收入后的差额）、汇兑净损失（汇兑损失减汇兑收益的差额）、金融机构手续费以及筹集生产经营资金发生的其他费用等。系统中，主要涉及的财务费用是利息净支出和金融机构手续费等。

利息净支出=企业贷款利息+贴现利息-银行存款等的利息收入。

相关手续费=贷款手续费/担保费+代理费+交易费+承销费。

财务费用=利息净支出+相关手续费。

7. 营业利润

营业利润是指企业从事生产经营活动中所取得的利润，是企业利润的主要来源。在本系统中，营业利润=毛利-管理费用-营销费用（不含税）-财务费用。

8. 投资理财收益和营业外净收益

系统中，投资理财收益和营业外净收益是企业其他净收益。

投资理财收益=各理财产品投资损益+股票/金融债/国债/信托投资转让收益。

营业外净收益涉及企业之间进行交易时产生违约罚款等；各企业违规操作，政府相关部门将对企业进行1 500万元/次罚款，企业所支付的罚款被列为营业外支出项目。

9. 利润总额

利润总额即税前利润，是指企业在生产经营过程中各种收入扣除各种耗费后的盈余，即人们通常所说盈利。系统中，利润总额=营业利润+投资理财收益+营业外净收益。

10. 所得税

系统中，所得税=利润总额×所得税率，即不存在纳税调整项目和暂时性差异，所得税税率为25%。

11. 净利润

净利润即税后利润，是企业在利润总额中按规定交纳所得税后的利润留成。它是衡量一个企业经营效益的主要指标，也是构成企业所有者权益的重要部分。

净利润=利润总额-所得税费用=利润总额×（1-所得税税率）。

二、模拟商业银行情况

（一）商业银行基本情况

初始状态时，各商业银行运作情况良好，所处状态相同。

（1）__________万元现金（可由教师调整，前提是要保证资产负债表平衡）。

（2）__________年期国债__________万元。

（3）__________年期央票__________万元。

（4）__________年期消费者个人存款__________万元（利率为基准+1.5%）。

（5）__________年期存款准备金__________万元。

（6）股东资本__________万元（可由教师调整，前提是要保证资产负债表平衡）。

（7）__________年期企业贷款__________万元（A 银行该笔企业贷款的交易对象为 A 企业，其他银行依此类推）。

（8）有__________个网点，有__________个存款团队和__________个贷款团队。

当以上八项内容确定后，设定为商业银行模拟运营决策仿真系统的起始状态。图 3-2 是实物沙盘版中实物沙盘盘面商业银行经营到某年年初的基本情况，即商业银行起始状态。

（二）模拟商业银行财务情况

本系统对于银行的财务报表进行了简化。通过商业银行资产负债表可以了解报告期银行实际拥有的资产总量、构成情况以及银行资金的来源渠道及具体结构，从总体上认识该银行的资金实力和清偿能力情况。

商业银行资产负债表的特点为：银行总资产中各种金融债权占较大的比重，更多依靠负债获取资金来源，自有资金一般不足 10%，大大低于工商业平均水平。商业银行资产负债表见表 3-3。

表 3-3　商业银行资产负债表　　单位：万元

资产	金额	负债和所有者权益	金额
资产：		负债：	
现金		吸收个人存款	
存放央行款项		吸收企业存款	
拆出资金		向央行借款	
企业贷款		拆入资金	
房产消费贷款		负债合计	
票据		实收资本	
理财/信托/股权投资		盈余公积	
国债投资		一般风险准备余额	
央票		当年未分配利润	
其他应收款		所有者权益合计	
资产总计		负债及权益总计	

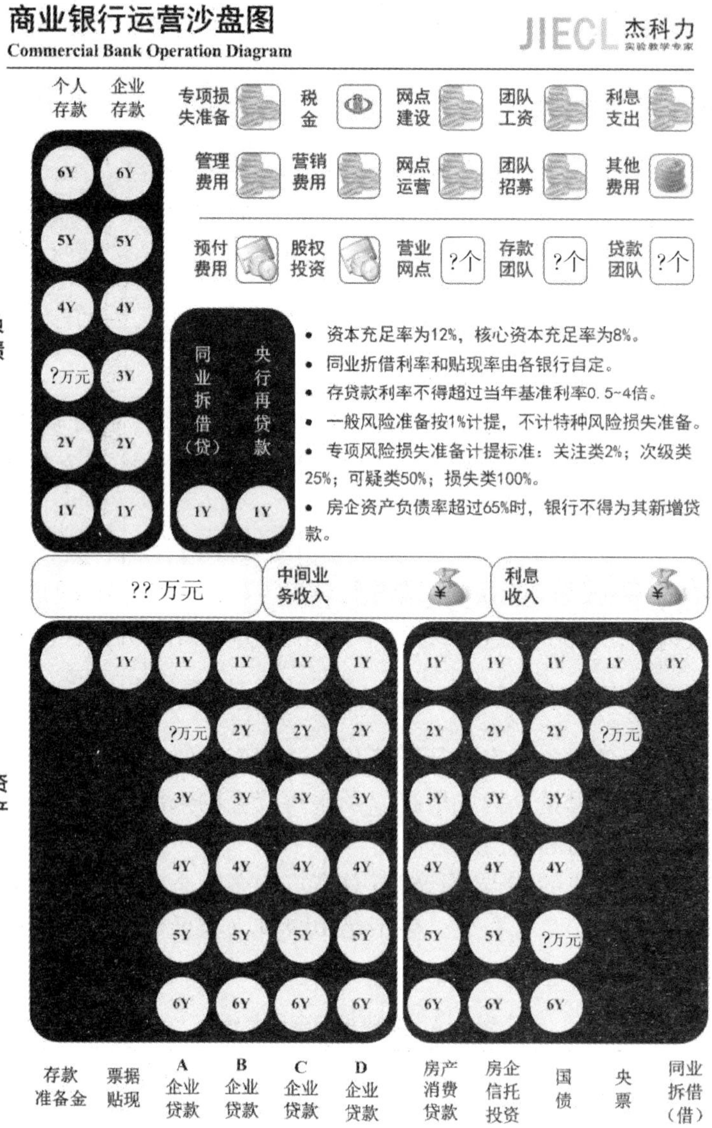

图 3-2　商业银行起始状态

1. 资产

（1）现金。

在本系统中，盘面上可以随时满足客户提存要求和贷款请求的资产其流动性最强，被称为一级准备。

（2）存放央行款项。

存放央行款项即存款准备金，包括法定准备金和超额准备金。系统中，该项只反映法定准备金，超出部分将作为现金返给银行。

（3）拆出资金。

同业拆出是银行调拨头寸、进行流动性管理的有效工具。小银行多为资金拆出行，大银行多为拆入行。

（4）企业贷款。

贷款是商业银行资产中比重最大的一项，也是商业银行收入的主要来源。

在本系统的资产负债表中，银行对企业贷款是尚未清还的贷款余额的账面价值。

（5）房产消费贷款。

银行向消费者发放的用于购买住房的贷款。系统中，房产消费贷款期限为5年，利率为当年贷款利率，采用等额本金偿还，从贷款当年开始还利息，本金由消费者次年开始偿还。为简化计算，每年按消费贷款余额的20%等额偿还。资产负债表中的房产消费贷款是银行盘面消费贷款的余额。

（6）票据。

该项目记录商业银行外部市场票据和房地产企业应收款贴现的余额。

（7）理财/信托/股权投资。

当企业购买股票时，需要将记账筹码放在盘面股权投资位置。

（8）国债投资。

购买国债时，应放上相应年份的特定国债记账筹码；国债到期或提前支取时取出。资产负债表中的国债为企业持有全部国债的余额。

（9）央票。

央票由央行和银保监会（团队）自定发行规模，期限均为1年。央票由各商业银行按上年贷款余额比例分别承担。央票不可提前兑付和转让。表中记录了银行盘面央票余额。

（10）其他应收款。

在本系统中，商业银行的其他应收款是指银行为信托担保时承担的连带赔偿。

2. 负债

负债是指给银行带来资金来源的项目，系统中包括了个人存款、企业存款以及向央行借款和拆入资金。

（1）个人存款。

银行吸收的个人存款可以从1年期到4年期，通过竞标获得。表中的个人存款为银行现有的全部个人存款之和。

（2）企业存款。

企业存款为协议存款，至少1年期，金额至少5 000万元。银行报出存款利率后不得拒绝企业存款。

（3）向央行借款。

向央行借款主要是指商业银行向央行办理的再贷款。

（4）同业拆入。

同业拆入是指银行进行头寸调拨以支持资产业务扩张。

3. 所有者权益

所有者权益是指股东对银行资产的所有权部分。系统中，银行所有者权益是实收资本、盈余公积、一般风险准备余额和当年未分配利润4个项目之和。

（1）实收资本。

银行实收资本包括了普通股和优先股，在盘面上并没有摆放实收资本。初始状态，银行实收资本为25 000万元。当银行发行股票时，将改变实收资本数额。

（2）盈余公积。

盈余公积是银行按照规定从净利润中提取的各种积累金。系统中，本年度盈余公积=上年盈余公积+上年未分配利润。

（3）一般风险准备余额。

一般风险准备余额是根据全部贷款余额按一定比例计提的，用于弥补尚未识别的可能性损失的准备，包括贷款损失准备金和证券损失准备金。从银行的税前利润中提取，具有降低银行应税利润进而降低所得税的功效。系统中，一般风险准备余额仅仅是指贷款损失准备，按全部贷款（企业贷款和消费贷款）余额的1%计提。

（4）当年未分配利润。

未分配利润是指商业银行的税后利润扣除优先股股息和普通股股息之后的利润。

（三）模拟商业银行的经营成果

系统中所模拟的各商业银行的初始状态均相同。商业银行损益表着眼于商业银行的盈亏状况，提供了经营中的收、支信息，总括地反映银行发展趋势，预测该银行的经营前景、未来获利能力。模拟商业银行损益表如表 3-4 所示。

表 3-4　模拟商业银行损益表　　单位：万元

项目	符号	金额
1. 营业收入（不含税）		
利息支出	-	
中间业务支出	-	
2. 毛利	=	
管理费用	-	
营业费用分摊	-	
资产减值损失	-	
3. 营业利润	=	
营业外收入	+	
营业外支出	-	
4. 利润总额	=	
所得税	-	
5. 净利润	=	

1. 营业收入（不含税）

营业收入包括利息收入、理财与投资收益和中间业务收入 3 个项目。不含税营业收入即不含增值税收入，商业银行的增值税率为 6%。

（1）利息收入（不含税）。

系统中，银行利息收入包括各企业贷款、央票、同业拆出等产品利息，除了同业拆出的利息收入不交纳增值税外，其他项目都要交纳增值税。损益表中该项为已交纳增值税后的数额。

（2）理财与投资收益（不含税）。

系统中，商业银行可以投资的理财产品主要是国债、金融债等。这些产品带来的收益即为理财投资收益，其中国债收益不交增值税。损益表中该项为已交纳增值税后的数额。

（3）中间业务收入（不含税）。

系统中，商业银行的中间业务主要包括额度占用费、财务评审费、贴现费、委托贷款相关的代理费等。损益表中该项为已交纳增值税后的数额。

2. 利息支出

系统中，商业银行的利息支出包括个人存款、企业存款、同业拆入、再贷款票据贴现等项目的利息支付。

3. 中间业务支出

系统中，银行中间业务支出主要是各类承销费或者交易费等支出。

4. 毛利

系统中，银行毛利=不含税营业收入-利息支出-中间业务支出。

5. 管理费用

管理费用是银行行政管理部门为组织和管理生产经营活动而发生的各种费用。在商业银行模拟运营决策仿真系统中，将各银行每年行政管理费和网点团队管理费记为管理费用。

6. 营销费用分摊

系统中，商业银行的营销费用主要是广告投放。通过投放广告的形式来竞标个人存款，最低100万元。

7. 资产减值损失

贷款是银行的一项资产，银行将企业贷款划分为5级贷款，并依此对不良贷款计提损失准备。损益表中，资产减值损失=按5级风险分类计提的损失准备-上年已计提的损失准备，即当年度新增的损失准备。资产减值损失将直接影响商业银行的盈利能力。

8. 营业利润

系统中，营业利润=毛利-管理费用-营销费用分摊-资产减值损失。

9. 营业外收入

系统中，银行的营业外收入包括奖励、操作收入、已计提损失的贷款收回、违约金等。

10. 营业外支出

系统中，银行的营业外支出包括违规罚金、操作损失等。

11. 所得税

系统中，所得税=利润总额×所得税率，即不存在纳税调整项目和暂时性差异，所得税税率为25%。

12. 净利润

净利润即税后利润，是银行在利润总额中按规定交纳所得税后的利润留成。它是衡量一个企业经营效益的主要指标，也是构成企业所有者权益重要的一部分。

净利润=利润总额-所得税费用=利润总额×（1-所得税税率）。

第二节 商业银行模拟运营决策仿真系统实物沙盘版经营新一年演练

在商业银行模拟运营决策仿真系统中，包括央行和银保监会团队、房地产企业团队和商业银行团队。为能让学生完成实验操作，教师将作为演练年度的央行和银保监会团队去带领学生完成相关操作。

一、商业银行模拟运营决策仿真系统实物沙盘版经营演练前准备

（一）课前准备

（1）加密U盘中共有两个加密文件夹："文件1"放置了电子分析工具，供本课程所有班级上课操作；"文件2"放置了本课程所有的授课资料。

（2）"文件1"中的所有文件均禁止向外复制、粘贴、导出、删除、另存为、重命名，仅允许向内复制、粘贴、修改；"文件2"中的所有文件允许向外打印、修改、复制。

（3）加密文件夹用户名请选择"老师"，请切勿随意删除U盘内文件。

（4）在联网状态下，教师应将"文件2"中的"学生文件"文件夹放在桌面上，设为共享（共享设置的相关操作请查阅"WIN7 和 WIN XP 共享方法. doc"），由各组找到对应的". exl"文件，拷到本地计算机，在离线状态下填写。请注意：学生不得修改该". exl"文件名；否则系统将无法读取。

（5）每一年运营结束时，学生填写完 Excel 操作后，在共享状态下，可以存回教师的桌面共享文件夹（也可以让学生拷回到桌面共享文件夹中），然后教师把该共享文件夹中的所有 Excel 文件复制到加密U盘中的"文件1"相应班级中，替换相应的 Excel 文件，系统将根据这些文件生成其他报表数据。请注意：此时被替换的 Excel 文件应先关闭。

（6）所有 Excel 文件只填写绿色背景的单元格，所有黄色背景和无色背景单元格都不用填写。

（7）所有 Excel 文件打开时，应更新数据。具体操作如下：

在 Office2003 中，会出现如图 3-3 所示的更新链接窗口，请选择"更新"。

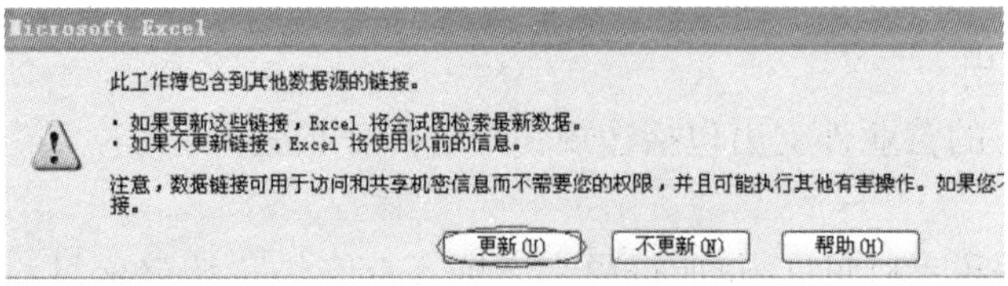

图 3-3 Office2003 更新链接窗口

在 Office2007 及以上版本中，会出现如图 3-4 所示的更新链接窗口，请选择"启用内容"。

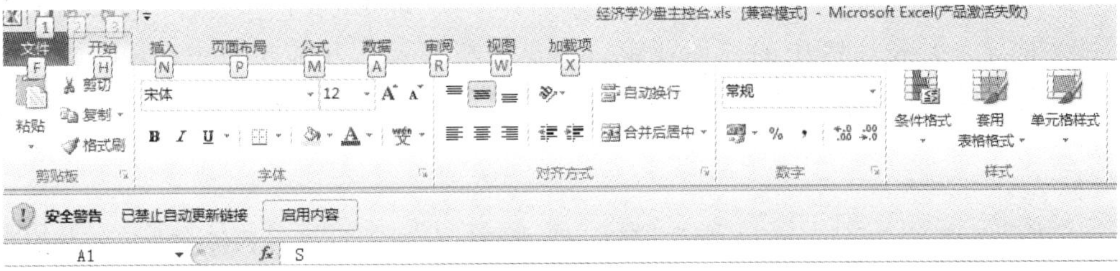

图 3-4　Office2007 及以上版本更新链接窗口

（二）教学管理

上课开始时，教师点击“文件 1”中“商业银行沙盘分析工具”中相应班级的“商业银行模拟经营沙盘分析工具 111004. xls”，通过左上角返回按钮，看到以下主界面“商业银行模拟沙盘总控台. xls”，看到如图 3-5 所示的商业银行模拟经营沙盘总控台界面。

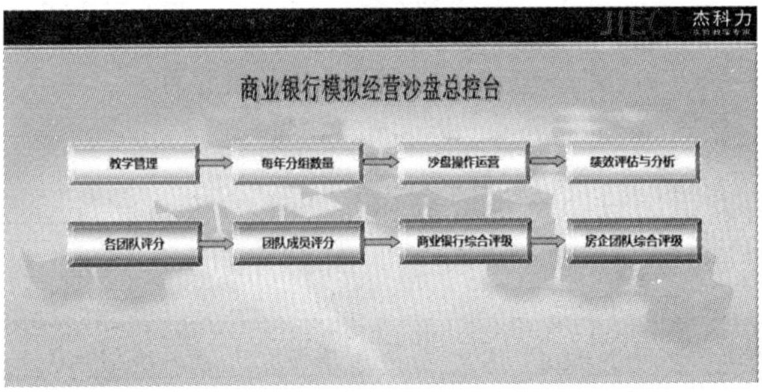

图 3-5　商业银行模拟经营沙盘总控台界面①

1. 教学管理主界面

点击图 3-5 中“教学管理”按钮，进行学生团队的基本管理，包括组长信息、班级信息、小组人数等，如图 3-6 所示（通过左上角返回按钮，可回到主界面）。

		教学管理表格					
	序号	组长姓名	组长学号	组长电话	所在组名称	所在班级	小组人数
团队组长	银行A						
	银行B						
	银行C						
	银行D						
	银行E						
	银行F						
	企业A						
	企业B						
	企业C						
	企业D						
	企业E						
	企业F						
央行/银	央行/银监会						

图 3-6　教学管理主界面

① 如果看到的主界面不是主控台界面，那么请点击界面左上角的绿色箭头即可回到主控台界面。

学生在核心业务运营表上填写相关信息，学生填写完 Excel 操作表后，教师将所有 Excel 文件导入加密 U 盘中的“商业银行沙盘分析工具”相应班级中，替换相应的 Excel 文件，系统将根据这些文件生成相关信息。请注意：此时被替换的 Excel 文件应先关闭。

2. 每年分组数量

点击图 3-5 的“每年分组数量”按钮，进入初始化界面，可看到各企业每年分组数量，如图 3-7 所示。房地产企业和商业银行的数量需要手动填入（房地产企业和商业银行数量需要一致），房地产企业及商业银行的现金和股东资本将根据填入的数量自动生成。

各企业每年分组数量

	第一年初始状态	第二年	第三年	第四年	第五年	第六年
房地产企业数量（家）	4	4	4	4	4	4
商业银行数量（家）	4	4	4	4	4	4

图 3-7　各企业每年分组数量界面

3. 绩效评估与分析

每年沙盘运营结束后，教师将各银行和各企业的核心业务运营表导入分析工具，点击图 3-5 的“绩效评估与分析”，即可进入图 3-8 的操作界面。

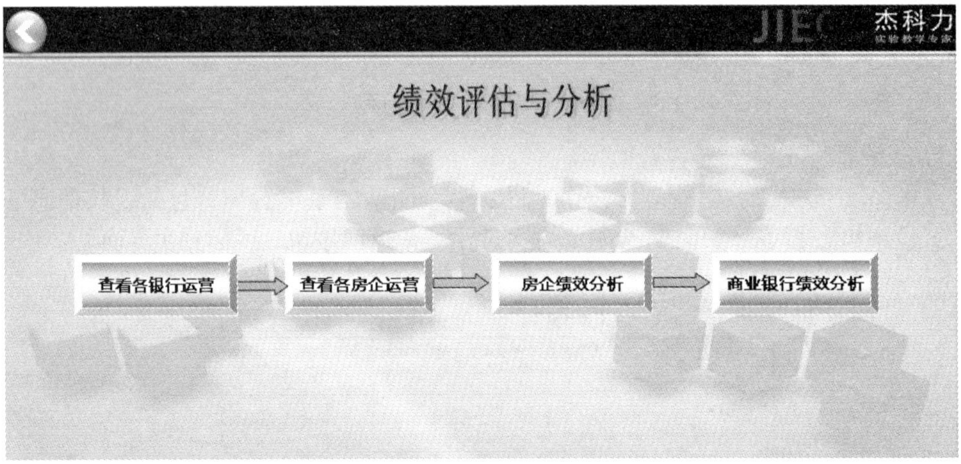

图 3-8　绩效评估与分析界面

（1）查看各商业银行运营和房地产企业运营：点击图 3-8 中的“查看各银行运营”和“查看各房企运营”，将进入学生端操作文件，但仅能查看已拷入加密 U 盘相应班级中的上一期数据。

（2）对比点评商业银行绩效：点击图 3-8 中的“商业银行绩效分析”，选择相应年份，根据图 3-9 中系统自动生成的数据进行各银行对比点评。

从图 3-9 中可以看出商业银行每年绩效分析关注的变量包括净利润、新增贷款总量、当年中间业务净收入、当年业务主营收入、可用资金成本率、贷出资金收益率以及后面两项帮助银行判断贷款定价是否合理、存款的吸收成本等；同时，根据累计值，推算出下一年的存款吸收、央票分配等份额。

第一年商业银行绩效分析							
		A	B	C	D	E	F
当年	净利润（万元）	700	0	0	0	0	0
	新增贷款总量（万元）	38600	0	0	0	0	0
	当年中间业务净收入（万元）	1000	0	0	0	0	0
	当年主营业务收入（万元）	6900	0	0	0	0	0
	可用资金成本率	6.89%	2.13%	2.13%	2.13%	2.13%	2.13%
	贷出资金收益率	8.06%	0.00%	0.00%	0.00%	0.00%	0.00%
累计	累计吸收存款的市场占有率	100.00%	0.00%	0.00%	0.00%	0.00%	0.00%
	贷款余额的市场占有率	56.58%	8.68%	8.68%	8.68%	8.68%	8.68%

图 3-9　商业银行绩效对比分析界面

（3）对比点评各房企绩效：点击图 3-8 中的“房企绩效分析”，选择相应年份，根据图 3-10 中系统自动生成的数据进行各房地产企业对比点评。

第一年房地产企业绩效分析表						
	A	B	C	D	E	F
净利润（万元）	400	-3400	-3400	-3400	-3400	-3400
广告费（万元）	900	900	900	900	900	900
主营业务收入（万元）	38600	0	0	0	0	0
每亩土地成本（万元）						
商品房实际成交价（万元/套）	207	207	207	207	0	0
别墅实际成交价（万元/套）	981	981	981	981	0	0
市场占有率	100.00%	0.00%	0.00%	0.00%	0.00%	0.00%

图 3-10　房地产企业绩效对比分析界面

从图 3-10 中可以看出房地产企业每年分析关注的变量包括净利润、广告费、主营业务收入、每亩土地成本、商品房实际成交价、别墅实际成交价和市场占有率等。其中，商品房和别墅由于有景观投入等，导致实际成交价和竞标价会有所不同。该分析表可帮助企业明确其售价。

4. 各团队评分

点击图 3-5 的“各团队评分”按钮，能够进入各团队排名的分界面。从该表格中可以看到各团队的最终得分（累计运营成绩、实验报告、央行指标得分）并按照 5∶3∶2 的比例决定。其中累计运营成绩由业务完成规范（速度）、团队合作（本年度抢答）、历年累计评级得分决定。如团队评分界面如图 3-11 所示。

各组排名得分													
		银行A	银行B	银行C	银行D	银行E	银行F	企业A	企业B	企业C	企业D	企业E	企业F
第一年	业务完成规范（速度）												
	团队合作（本年抢答）												
	历年累计评级得分	100	25	25	25	0	0	95	0	0	0	0	0
	本年度运营成绩	100	25	25	25	0	0	100	0	0	0	0	0
第二年	业务完成规范（速度）												
	团队合作（本年抢答）												
	历年累计评级得分	110	35	35	25	0	0	95	0	0	0	0	0
	累计运营成绩	100	32	32	23	0	0	100	0	0	0	0	0
第三年	业务完成规范（速度）												
	团队合作（本年抢答）												
	历年累计评级得分	110	35	35	25	0	0	95	0	0	0	0	0
	累计运营成绩	100	32	32	23	0	0	100	0	0	0	0	0

图 3-11　各团队评分界面

5. 团队成员评分

点击图 3-5 的“团队成员评分”按钮，能够进入各团队成员评分界面（图 3-12）。

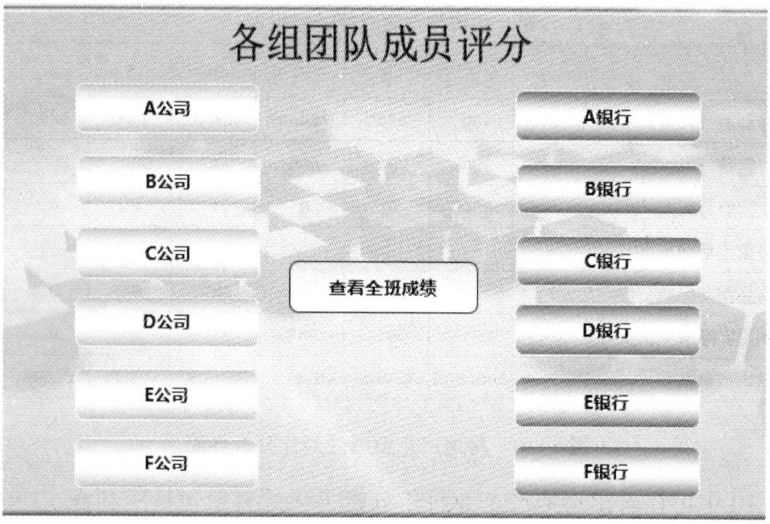

图 3-12　各团队成员评分界面

点击进入对应的企业或银行，可以看到成员的相关信息以及每位成员的得分明细。其中在“病事假/迟到/早退次数”栏，每输入 1 次，将在最后一栏个人成绩中扣 2 分；在“缺席次数”栏，每输入 1 次，将在最后一栏个人成绩中扣 5 分；在“团队意识”栏中根据各成员在系统中的表现，由该团队共同商议，在保证小组平均成绩不变的情况下，为表现积极的成员加分，同时减去消极怠工成员的分数。企业或银行成员评分界面如图 3-13 所示。

A公司成员评分

岗位分工	病事假/迟到/早退次数（扣2分/次）	缺席次数（扣5分/次）	团队意识	小组成绩	个人成绩
					70
					70
					70
					70
					70
					70
					70
				70	70
					70
					70
					70

图 3-13　企业或银行成员评分界面

点击左上角绿色按钮就可返回图 3-6 所示教学管理主界面。点击“全班成绩”按钮，进入如图 3-14 所示界面，可以查看全班学生课程成绩。

全班成绩

小组	成员学号	成员姓名	个人成绩
			70
			70
			70
			70
			70
			70
			70
企业A			70
			70
			70
			70
			70
			70
			70

图 3-14　全班成绩界面

6. 商业银行综合评级

商业银行的综合评级是由银保监会进行的。点击图 3-5 的“商业银行综合评级”按钮，可以看到银保监会对商业银行的监管评级界面，选择相应年份，在图 3-15 中根据系统自动计算得出的指标进行排名，系统自动统计绩效得分。

第一年银保监会对商业银行的监管评级

项目		权重	A		B		C		D		E		F	
			比率	得分	比率	得分	比率	得分	比率	得分	比率	得分	比率	得分
资产充足状况	资本充足率	5%	102.56%	5.0										
	核心资本充足率	5%	100.96%	5.0										
资产安全状况	不良贷款率	10%		10.0										
	拨备覆盖率	5%		5.0		5.0		5.0		5.0				
盈利状况	资本收益率（ROE）	20%	1.87%	20.0										
	资产收益率（ROA）	20%	0.45%	20.0										
流动性	存贷比	10%	45.60%	10.0										
	超额准备金比率	5%	31.50%	5.0										
态度评价	业务完成规范（速度）	10%	10		10		10		10					
	历年抢答得分	10%		10.0		10.0		10.0		10.0				
本年评级得分			100.0		25.0		25.0		25.0					
历年累计评级得分			100.0		25.0		25.0		25.0					
小组成绩			100		25		25		25					

图 3-15 银保监会对商业银行的监管评级

从图 3-15 中可以看出银保监会对于银行运营的监管，体现在资产安全状况（15%）、盈利状况（40%）和流动性（15%）及各组实训态度评价（20%）。其中对安全性、盈利性和流动性监管由相关指标体现，即安全性指标为拨备覆盖率；盈利性指标为资本收益率、资产收益率；流动性指标为存贷比、超额准备金比率等各指标的计算，将在第五章中详细说明。

7. 房地产企业团队综合评级

房地产企业团队的综合评级主要是对其贷款的综合评价，点击图 3-5 的“房企团队综合评级”按钮，选择相应年份，在图 3-16 中根据系统自动计算得出的指标进行排名，系统自动统计绩效得分。

第一年房地产贷款综合评价表

		权重	A		B		C		D		E		F	
			指标	得分	指标	得分	指标	得分	指标	得分	指标	得分	指标	得分
管理层素质	高管道德	5%		5.0										
	公司治理规范性	10%	10											
	经营风格	5%	0.02	5.0										
	政府关系	5%												
市场竞争力	公司行业地位	5%	1400	5.0										
公司经营前景	净利润（万）	10%	400	10.0	-2000		-2000		-2000		-2000		-2000	
	净利润增长额													
	经营性现金流量（万）	10%	19600	10.0	-2000		-2000		-2000		-2000		-2000	
	经营性现金流量增长额													
	主营业务收入（万）	10%	38600	10.0										
	主营业务收入增长额(万)													
偿债能力	流动比率	5%	190.59%	5.0										
	速动比率	5%	190.59%	5.0										
盈利能力	销售利润率	5%	1.55%	5.0										
	总资产利润率	5%	1.85%	5.0	-11.11%		-11.11%		-11.11%		-11.11%		-11.11%	
负债水平	净资产负债率	5%	110.39%	5.0										
	总资产负债率	5%	52.47%	5.0										
信贷综合评级得分			95.0											
信贷综合评级累计得分			95.0											
历年抢答次数与得分		10%		10.0										
小组成绩			100.0											

图 3-16 商业银行对房企贷款综合评价

从图 3-16 中可以看出商业银行对房企贷款综合评价的内容，包括管理层素质（25%）、市场竞争（5%）、公司经营前景（30%）、偿债能力（10%）、盈利能力

（10%）、负债水平（10%）以及累计抢答得分（10%）。各指标的计算，将在第五章中详细说明。

（三）商业银行模拟运营决策仿真系统实施流程（表3-5）

表3-5 商业银行模拟运营决策仿真系统实施流程

序号	央行和银保监会（团队）操作步骤	商业银行（团队）操作步骤	房地产企业（团队）操作步骤
1	"打开商业银行模拟运营沙盘分析工具111004.xls"，点击"沙盘操作运营"，点击"宏观政策与监管检查"按钮，宣布本年度宏观经济政策	根据宏观政策预测流动性和CPI，进行银行资金规划。点击"管理流动性和消费贷款"按钮，录入消费贷款利率，点击"投融资业务"按钮，录入本年度存款准备金率	根据宏观政策预测流动性和CPI，进行房地产企业资金规划。点击"资产负债表"按钮，录入增值税率
2	组织银行计提风险准备金。点击"不良贷款与风险计提"，组织各银行填写各企业贷款余额，系统自动得出各银行应计提的准备金。检查银行是否按发行股票承诺的利润比例分配股利。组织银行办理再贷款业务	计提专项贷款损失准备，提交股票发行计划以及支付和收到现金分红；流动性不足，办理再贷款。变更盘面，同时进入"现金管理模块"录入相关数据	确定本年度开发资质，拿回资质筹码，支付和收到现金分红。变更盘面，同时进入"现金管理模块"录入相关数据
3	组织银行偿还到期个人存款、本年度个人存款竞标，点击"个人存款竞标"，录入银行营销费，确定各银行本年度可吸收个人存款数量，准备好个人存款筹码，收取个人存款利息	偿还到期个人存款，竞标获得新的个人存款，支付全部个人存款利息。拿回不同期限的存款筹码，变更盘面，录入数据	了解各银行的存款获得，预估银行贷款最低利率
4	组织银行和企业办理上年未受理的消费贷款，点击"消费贷款"按钮，录入银行补发的消费贷款数额。点击"票据贴现"按钮，组织竞标实现外围票据贴现；提示应收款可办理贴现。提示对公存款是否提前支取	与企业谈判完成消费贷款的补发，收取额度占用费。竞标进行外围票据贴现，拿回票据筹码，谈判完成企业应收款贴现，收回到期票据资金。支付提前支取的企业存款，收取违约金。变更盘面，录入数据	与银行谈判，争取补发未受理消费贷款，支付额度占用费。支付到期应付款，收取到期应收款或办理应收款贴现。提前支取存款，支付违约金。变更盘面，录入数据
5	提示对公贷款偿还；收取银行对公贷款公告表和房地产企业贷款申请表，点击"对公贷款竞标"按钮，录入相关数据，组织银行和企业谈判	收回到期对公贷款。挂牌对公贷款，谈判、签订贷款协议，收取利息、额度占用费、财务评审费等，发放贷款。收取委托贷款代理费。变更盘面，点击"股票、贷款"按钮，录入数据	偿还到期对公贷款。填写房地产企业贷款申请表以及谈判、签订协议，支付相关费用，获得贷款。办理委托贷款。变更盘面，点击"融资贷款与土地竞标"按钮录入数据

表3-5(续)

序号	央行和银保监会（团队）操作步骤	商业银行（团队）操作步骤	房地产企业（团队）操作步骤
6	组织各企业填写土地竞标单，点击“土地竞标”按钮，录入土地单价、竞标数量，收取土地款；组织“土地转让”和“市政工程”竞标。组织商业银行按份额购买央票，点击“央票发行”按钮，支付利息，收取款项。组织股权融资，点击“股票发行”按钮，收取发行表。组织银行间同业拆借，点击“同业拆借”按钮，收取同业拆借表。提示房地产企业施工后，用土地筹码和建安费换取商品房和别墅筹码	有关央票业务、发行股票、同业拆借业务等，需点击“管理流动性与消费贷款”按钮，对相关业务进行办理。拿回央票、股票等筹码，变更盘面，录入数据	填写土地竞标表，竞标土地，现金支付土地款，拿回土地筹码。完成企业间土地转让谈判和签订协议、款项支付等。变更盘面，点击“融资贷款与土地竞标”按钮录入数据。发行股票和竞标市政工程。根据已有土地进行商品房和别墅的修建，用土地筹码和建安费换取别墅、商品房筹码。点击“销售竞标与施工交付”按钮，录入数据，变更盘面
7	组织房地产企业订单竞标。点击“房企营销”按钮，录入房价、广告费、景观投入等信息，生产各企业订单	考虑消费贷款额度，以及网点和团队建设	填写“房地产企业商品房和别墅订单竞标表”，并在运营表“销售竞标与施工交付”模块中录入广告费、景观报价
8	点击“交货数据录入”按钮，组织各企业交货，收购限价房，支付首付款。点击“消费贷款”按钮，收取银行消费贷款挂牌表，组织消费贷款谈判。支付银行消费全部贷款利息和已有消费贷款的本金	填写消费贷款表，与房地产企业进行谈判，发放消费贷款；收取额度占用费，全部消费贷款的本年度利息和偿还本金。建设网点，团队管理，变更网点和团队筹码。变更盘面，点击“管理流动性和消费贷款”按钮，录入数据	交付商品房、别墅获得首付款；交付限价房，记为2年期应收款；与银行谈判，支付额度占用费帮助消费者完成消费贷款，获得现金；未完成部分，记为6年期应收账款。根据交货数据支付景观费和规划设计费；收到市政工程换取的土地，拿回土地筹码。进行团队的招募和辞退，变更团队筹码。变更盘面，点击“销售竞标与施工交付”按钮录入数据。未交货部分，支付罚款。点击“外部经营业务”按钮，录入罚款数额
9	收取银行对公存款表，点击“对公存款”按钮，组织对公存款。组织国债业务，偿还到期国债，点击“国债发行”按钮，收取银行和企业竞标单，发行国债，支付国债利息。组织银行和企业交纳税费、奖励以及罚款	偿还到期对公存款；填写对公存款表，吸收对公存款，支付利息；补足或退回存款准备金。收取国债利息，购买国债，收回到期本金。收取企业提前还贷本金和违约金。变更盘面，点击“投融资业务”按钮，录入数据。点击“政府监管”按钮，录入相关数据	取回到期对公存款；办理存款，获得利息；收取国债利息，购买国债，收回到期本金。企业贷款提前偿还，支付违约金。变更盘面，点击“投融资业务”按钮，录入数据。点击“外部经营”按钮，录入相关数据

表3-5(续)

序号	央行和银保监会（团队）操作步骤	商业银行（团队）操作步骤	房地产企业（团队）操作步骤
10	关闭所有银行和企业报表，将各银行和企业数据导入分析工具，再打开“商业银行模拟经营沙盘分析工具111004.xls”，点击“沙盘操作运营”按钮，点击“宏观政策与监管检查”按钮，检查各银行和企业主要数据。检查无误后，点击“绩效评估与分析”“商业银行综合评级”和“房企综合评级”按钮，查看各银行和各企业的经营绩效	检查报表无误后，上交央行和银保监会团队；根据宏观检查结果，再次检查相关数据。检查损益表和资产负债表，判断经营目标是否实现。记录分析工具中给出的各银行和各企业的绩效，总结本年度经营成败和帮助下一年决策	检查报表无误后，上交央行和银保监会团队；根据宏观检查结果，再次检查相关数据。检查损益表和资产负债表，判断经营目标是否实现。记录分析工具中给出的各银行和各企业的绩效，总结本年度经营成败和帮助下一年决策

备注：在教师操作步骤中，土地竞标和房企营销可以由教师调整先后顺序。

二、商业银行模拟运营决策仿真系统实物沙盘版经营演练年

点击图3-5的“沙盘操作运营”按钮，即可进入以下操作界面，如图3-17所示。

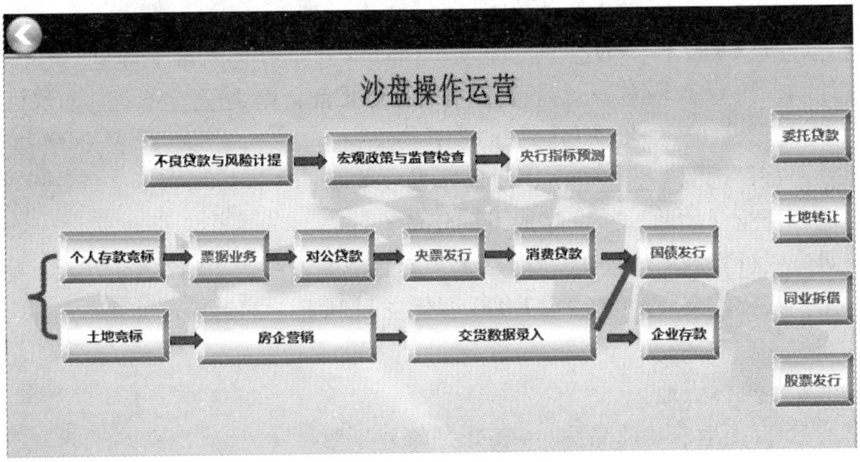

图3-17　沙盘操作运营界面

点击图3-17的每个按钮，组织各团队进行沙盘操作。初始年，由于学生不熟悉规则，建议由教师带领各团队统一经营，讲解规则。从第二年开始，建议由央行和银保监会（团队）操作此界面，组织全班进行沙盘运营。

点击图3-17中的“宏观政策与监管检查”按钮，进入图3-18所示界面，宣布本年度各项货币政策。注意：从第三年开始，系统会智能给出建议值，由教师或央行和银保监会（团队）组决定是否调整建议值。

宏观政策与外部环境						
	第一年	第二年	第三年	第四年	第五年	第六年
存款利率	2.0%	2.0%	#DIV/0!	#DIV/0!	#DIV/0!	#DIV/0!
贷款利率	8.0%	8.0%	#DIV/0!	#DIV/0!	#DIV/0!	#DIV/0!
再贷款率	5.0%	5.0%	#DIV/0!	#DIV/0!	#DIV/0!	#DIV/0!
存款准备金率	15.0%	15.0%	#DIV/0!	#DIV/0!	#DIV/0!	#DIV/0!
央票发行规模(万元)	0	0	0	#DIV/0!	#DIV/0!	#DIV/0!
国债发行规模(万元)						
商品房和别墅调整后首付比例	30.0%	30.0%	#DIV/0!	#DIV/0!	#DIV/0!	#DIV/0!
本年预计供地规模（亩）	0	120	#DIV/0!	#DIV/0!	#DIV/0!	#DIV/0!
外部票据贴现（万元）	0	0	0	0	0	0
预计新增个人存款（万元）	160000	341000	#DIV/0!	#DIV/0!	#DIV/0!	#DIV/0!
房地产公司增值税率	11%	11%	11%	11%	11%	11%
城建工程订单（个/类）				1	1	

图 3-18　宏观政策与外部环境界面

第一年（以下称为初始年）宏观经济目标不做要求，宏观政策存款基准利率为__________，贷款基准利率为__________，存贷款利率可在基准利率__________倍范围内自行浮动，再贷款利率为__________，存款准备金率为__________，预计新增个人存款为__________，存量央票中标利率为__________，房地产企业增值税率为__________，首付比例__________，政府不发放奖励，各银行没有不良贷款。

各房地产企业（团队）统一完成下列任务：

①向对应银行贷款一年期 10 000 万元，支付额度占用费 2%计 200 万元，财务评审费 200 万元，按贷款余额的 8%共 17 000 万元支付利息 1 340 万元（向上取整为 1 400 万元）。

②本年度不竞标土地。

③投入 16 亩土地修建商品房，4 亩土地修建别墅。

④填写竞标单，商品房报价 190 万元/套，别墅报价 900 万元/套，广告费 1 000 万元，商品房景观报价 250 万元/亩，别墅景观报价 250 万元/亩。

⑤交付商品房 160 套，别墅交付 8 套。

⑥向对应银行申请住房消费贷款 28 600 万元，并缴纳额度占用费 2%取整 600 万元。

⑦向对应银行办理存款 30 000 万元，期限为 1 年，获得利息 600 万元，约定提前支取违约金 0 万元。

⑧支付管理费。

⑨特别提醒：第二年房企资质为 2 级，只能修 40 亩土地，但可以多囤积土地；同时，如果第三年想扩大规模，应在第二年提前招聘企业运营团队。

各商业银行（团队）统一完成下列任务：

①填写存款竞标表，支付营销费用 100 万元，获得个人存款 40 000 万元（其中

5 000万元面值 2 年期共 20 000 万元，5 000 万元面值 3 年期共 20 000 万元），并按照约定利率支付个人存款利息共计 2 700 万元（含初始状态已有个人存款 30 000 万元的利息）。

②向对应企业发放贷款 10 000 万元，连同原有 7 000 万元贷款，共收到利息 1 400 万元，同时收取 2%额度占用费 200 万元和财务评审费 200 万元。

③收到 20 000 万元央票按 4%计算的利息 800 万元。

④办理新的消费贷款 28 600 万元，并收到额度占用费 2%取整 600 万元。

⑤收到对应企业存款 30 000 万元，期限为 1 年，支付利息 600 万元；约定提前支取违约金 0 万元。

⑥收到国债 20 000 万元按 7%计算的利息 1 400 万元。

⑦支付管理费。

⑧特别提醒：如果第三年想扩大规模，应在第二年提前招聘存款团队或贷款团队。

（一）商业银行更新个人存款业务

银行运营系统主界面见图 3-19。

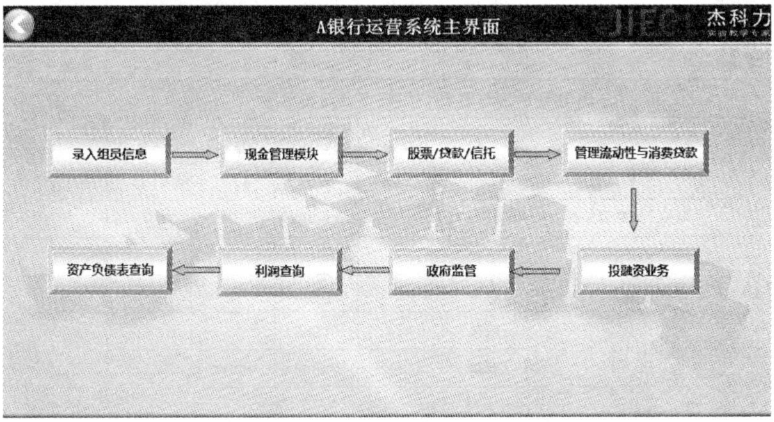

图 3-19　银行运营系统主界面

1. 银行客户经理竞标个人存款

央行和银保监会（团队）颁布宏观政策和外部环境时，系统将给出预计新增个人存款数量，第一年为__________万元。各银行投标时，对于可能获得存款数量应进行预测。系统中，商业银行个人存款获得数量受营销费、上年新增企业贷款和消费贷款、上年新增个人存款、现有网点数量和存款团队数量影响，所占权重分别为__________%、__________%、__________%、__________%。第二年开始，单个银行为了获得所需的个人存款，应尽可能掌握其他银行的贷款、个人存款、网点和团队等信息，并考虑营销费的合理投入。央行和银保监会（团队）将根据新增个人存款的实际数量，确定 1 年期、2 年期、3 年期和 4 年期个人存款的数量。

初始年设定商业银行营销费投入__________万元，客户经理确定营销费支出，填好竞标单后，央行和银保监会（团队）进入“银行沙盘主控台”，点击“沙盘操作运营”按钮，再点击“个人存款竞标”按钮，根据商业银行提交的竞标单，按顺序填写竞标信息，如图 3-20 所示。

«	第一年				查看竞标结果		
商业银行	A	B	C	D	E	F	
营销费(万元)	100	100	100	100			营销费权重
现有存款团队（个）	2	2	2	2			100%
排名得分	100.0	100.0	100.0	100.0	0.0	0.0	

图 3-20　个人存款竞标界面

点击“查看竞标结果”按钮，查看竞标结果，如图 3-21 所示。银行根据竞标得分由高到低选择个人存款期限，支付全部未到期个人存款利息。第一年，场外新增个人存款 2 年期_________万元、3 年期_________万元，各银行获得个人存款_________万元（其中 5 000 万面值 2 年期共_________万元，5 000 万面值 3 年期共_________万元），并按照约定利率支付个人存款利息共计_________万元。

«		第一年				»
商业银行	A	B	C	D	E	F
竞标得分	25.0	50.0	75.0	100.0	0.0	0.0
个人存款总额（万元）	160000					
实际个人存款分配（万元）	16000	32000	48000	64000	0	0

新增个人存款登记与利息速算表　　单位：万元

		基准+0.5%（1年期）	基准+1.5%（2年期）	基准+2.5%（3年期）	基准+3%（4年期）	存款利息合计
存款利率		2.5%	3.5%	4.5%	5.0%	（万元）
场外个人存款总额（万元）			80000			
银行A	已有		30000			2700
	新增		20000	20000		
银行B	已有		30000			2700
	新增		20000	20000		

图 3-21　查看个人存款竞标结果

2. 客户经理更新个人存款（表 3-6）

表 3-6　客户经理更新个人存款

（1）在图 3-22 所示界面中变动盘面。	（2）在图 3-22 所示界面中录入信息。
① 2 年期个人存款 30 000 万元，记账筹码从 2Y 移动到 1Y。	现金管理模块→个人存款业务→支付营销费 100 万元→获得个人存款 40 000 万元→支付利息 2 700万元，现金盘点 47 200 万元。
② 新增个人存款 2 年期 20 000 万元、3 年期 20 000万元，将记账筹码分别放到 2Y 和 3Y 处。	
③ 从现金库支付营销费 100 万元，收到 40 000 万元个人存款，放入现金库，支付 2 700 万元利息，现金 47 200 万元。	

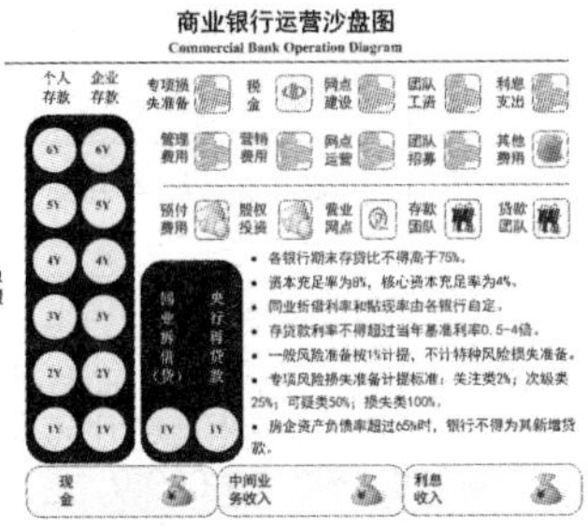

现金管理模块

填写说明：请在每一年的发生金额一栏中填写数字后将自动生成报表，未发生就填0。数字前面不能用“+”或
发生金额为1000万，只需填写1000。请勿更改此表名称结构和任何步骤，现金余额一栏将自动计算。

序号	业务	经营步骤	责任人	填写单据	第一年
		期初现金余额			10000
	4．再贷款业务	流动性不足，向央行再贷款，贷款借入金额	行长	无	0
		支付央行再贷款利息			0
	5．个人存款业务	盘面所有个人存款往前移一格，偿还到期个人存款	客户经理	个人存款竞标表	0
		填写个人存款竞标表，支付营销费用			100
		获得个人存款			40000
		盘点个人存款余额为			70000
年初		按个人存款余额支付个人存款利息			2700

图 3-22　银行更新个人存款后的盘面和界面

（二）更新对公贷款业务

1. 对公贷款竞标和谈判

央行和银保监会（团队）提示本年度贷款基准利率、银行贷款团队数量、企业的资产负债率上限。央行和银保监会（团队）收到竞标单后，点击“对公贷款”，根据各企业和银行提交的竞标单，在图 3-23 中输入企业贷款规模、银行贷款最高及最低年利率、贷款额度、最高额度占用费和最高财务评审费。房地产企业（团队）和商业银行（团队）进行谈判，确定贷款数量、利率、期限、额度占用费和财务评审费、违约金等，签订贷款协议。第一年各企业计划贷款__________万元；各银行贷款最高年利率__________%，对老客户/大客户的最低年利率__________%，额度__________万元，最高额度占用费__________%，最高财务评审费__________万元。

对公贷款

竞争规则：由贷款综合指标得分最高的企业先选银行进行贷款，银行如果拒绝，其同等客户的贷款利率只能依次升高。
如果企业贷款综合指标得分相同，再依次比较贷款规模大小。

		企业A	企业B	企业C	企业D
第一年	贷款规模（万元）	10000	10000	10000	10000
		银行A	银行B	银行C	银行D
	贷款最高年利率%	15.00%	15.00%	15.00%	15.00%
	对老客户/大客户最低年利率%	8.00%	8.00%	8.00%	8.00%
	额度（万元）	40000	40000	40000	40000
	最高额度占用费（一次性收取，%）	2.00%	2.00%	2.00%	2.00%
	最高财务评审费(每年收取，万元)	200	200	200	200

图 3-23　对公贷款竞标界面

各企业和各银行根据谈判结果签订协议，支付全部未到期贷款利息__________万元，获得新增贷款__________万元。各企业和各银行变动盘面，录入信息。

2. 房地产企业总经理更新贷款（表 3-7）

表 3-7　房地产企业总经理更新贷款

(1) 在图 3-24 所示界面中变动盘面。	(2) 在图 3-24 所示界面中录入信息。
① 2 年期银行贷款 7 000 万元，将记账筹码从 2Y 移动到 1Y。	融资贷款与土地竞标模块→贷款及利息结算→支付利息 1 400 万元，额度占用费 200 万元，财务评审费 200 万元→获得贷款 10 000 万元，现金盘点 12 200 万元。
② 新增银行贷款 1 年期 10 000 万元，将记账筹码放到 1Y。	
③ 从现金库支付额度占用费 200 万元，财务评审费 200 万元，利息 1 400 万元，收到贷款 10 000万元，现金 12 200 万元。	

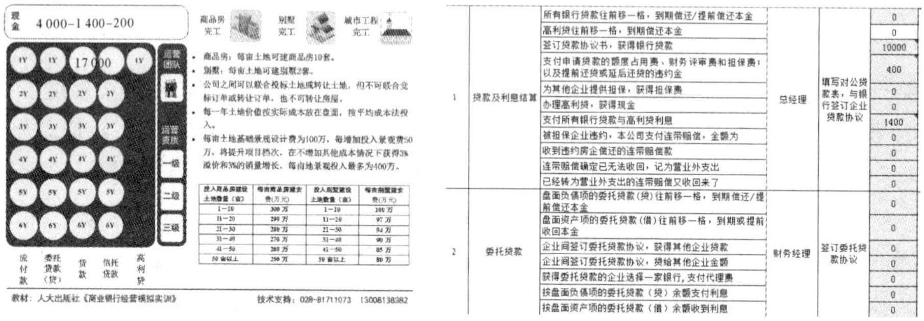

图 3-24　房地产企业更新贷款后的盘面和界面

房地产企业运营系统主界面，见图 3-25。

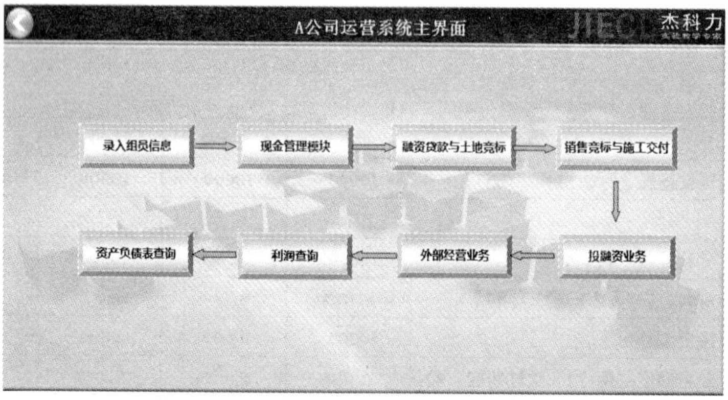

图 3-25　房地产企业运营系统主界面

3. 银行信贷经理更新贷款（表 3-8）

表 3-8　银行信贷经理更新贷款

(1) 在图 3-26 所示界面中变动盘面。	(2) 在图 3-26 所示界面中录入信息。
① 2 年期对公贷款 7 000 万元，将记账筹码从 2Y 移动到 1Y。	股票、贷款业务模块→对公贷款业务→收到利息 1 400 万元，额度占用费 200 万元，财务评审费 200 万元→发放贷款 10 000 万元，现金盘点 39 000 万元。
② 新增对公贷款 1 年期 10 000 万元，将记账筹码放到 1Y。	
③ 从现金库支付贷款 10 000 万元，收到额度占用费 200 万元，财务评审费 200 万元，利息 1 400 万元，现金盘点 39 000 万元。	

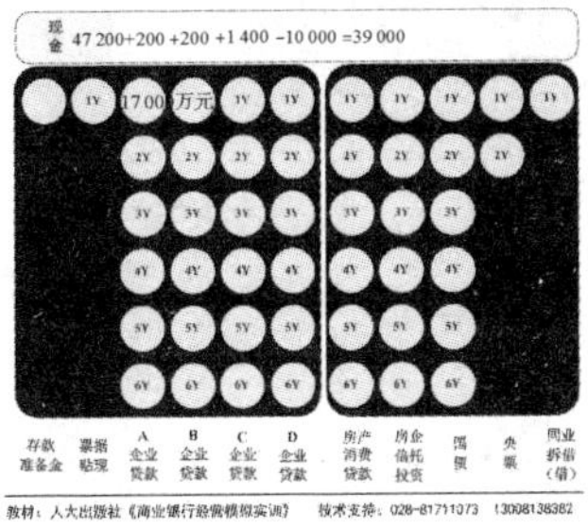

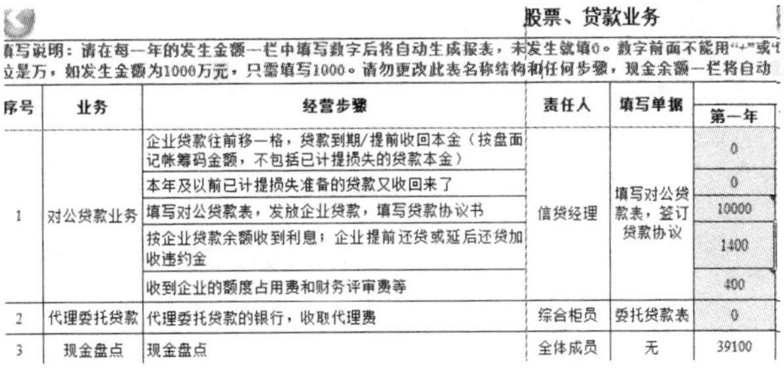
股票、贷款业务

填写说明：请在每一年的发生金额一栏中填写数字后将自动生成报表，未发生就填0。数字前面不能用“+”或“
位是万，如发生金额为1000万元，只需填写1000。请勿更改此表名称结构和任何步骤，现金余额一栏将自动

序号	业务	经营步骤	责任人	填写单据	第一年
1	对公贷款业务	企业贷款往前移一格，贷款到期/提前收回本金（按盘面记帐筹码金额，不包括已计提损失的贷款本金）	信贷经理	填写对公贷款表，签订贷款协议	0
		本年及以前已计提损失准备的贷款又收回来了			0
		填写对公贷款表，发放企业贷款，填写贷款协议书			10000
		按企业贷款余额收到利息；企业提前还贷或延后还贷加收违约金			1400
		收到企业的额度占用费和财务评审费等			400
2	代理委托贷款	代理委托贷款的银行，收取代理费	综合柜员	委托贷款表	0
3	现金盘点	现金盘点	全体成员	无	39100

图 3-26 银行更新贷款后的盘面和界面

（三）土地竞标和央票业务

1. 房地产企业运营经理更新土地

第一年不竞标土地，利用已有土地进行开发。

2. 商业银行会计主管更新央票（表 3-9）

表 3-9 商业银行会计主管更新央票

（1）变动盘面。	（2）录入信息。
① 2 年期央票 20 000 万元，将记账筹码从 2Y 移动到 1Y。	管理流动性与消费贷款模块→央票业务→收到利息 800 万元，现金盘点 39 800 万元。
② 收到央票利息 800 万元，现金盘点 39 800 万元。	

（四）房地产企业营销

1. 房地产企业运营经理修建商品房和别墅

房地产企业利用已有土地修建商品房和别墅时（表 3-10），需了解商品房和别墅的利润率，以合理分配土地进行建设。第一年，各企业已有 20 亩土地，其中______亩土地修建商品房，______亩土地修建别墅；各企业支付建安费和土地，获得商品房和别墅。

表 3-10 房地产企业修建商品房和别墅

（1）变动盘面。	（2）在图 3-27 所示界面中录入信息。
① 去除盘面 20 亩土地和 18 000 万元土地价值筹码，放置商品房建安费记账筹码 4 700 万元、别墅建安费记账筹码 400 万元，拿回 160 套商品房筹码和 8 套别墅筹码。	销售竞标与施工交付模块→工程实施→投入土地修建商品房 16 亩，别墅 4 亩，现金盘点 7 100 万元。
② 现金支付建安费 5 100 万元，现金盘点 7 100 万元。	

销售竞标与施工交付

填写说明：请在每一年的发生金额一栏中填写数字后将自动生成报表，未发生就填0。数字前面不能用"+"或"-"号，也
发生金额为1000万元，只需填写1000。请勿更改此表名称结构和任何步骤，现金余额一栏将自动计算。

序号	经营步骤		责任人	填写单据	第一年
2	工程实施	城市基础设施与配套工程投入技术设计费	运营经理	无	0
		支付城建工程的建安费			0
		投入土地修建商品房，投入的土地数量为（亩）			16
		修建商品房的土地价值筹码随土地一起移动，金额为			14400
		投入土地修建别墅，投入的土地数量为（亩）			4
		修建别墅的土地价值筹码随土地一起移动，金额为			3600
		支付商品房的建安费，并用土地与土地价值筹码+建安费换取商品房筹码			4700
		支付别墅的建安费，并用土地与土地价值筹码+建安费换取别墅筹码			400

图 3-27　房地产企业工程实施界面

2. 房地产企业市场经理订单竞标

各企业竞标时，应对于可能获得的订单数量进行预测。系统中，建议先修建房屋，再进行订单竞标。当企业无法交货时，将会受央行和银保监会团队的处罚。系统中，商品房和别墅的需求量受报价、广告费、品牌效应、景观投入和团队数量的影响，其中品牌效应受之前年度销售额的影响。

第一年，各企业商品房报价__________万元/套，别墅报价__________万元/套，广告费__________万元，商品房景观费报价__________万元/亩，别墅景观费报价__________万元/亩。市场经理填好竞标单后，央行和银保监会（团队）进入“房企营销”，点击“第一年”，按顺序填写相关信息，如图 3-28 所示。

	第一年订单竞标					
房地产公司	A	B	C	D	E	F
商品房报价(万元)	190	190	190	190		
别墅报价(万元)	900	900	900	900		
广告费(万元)	1000	1000	1000	1000		
品牌效应	1400	1400	1400	1400	400	400
实际商品房订单(套)	160	160	160	160	0	0
实际别墅订单(套)	8	8	8	8	0	0
团队个数	2	2	2	2		
每亩商品房景观投入(万元)	250	250	250	250		
商品房景观投入获得的溢价	9%	9%	9%	9%	-6%	-6%
每亩别墅景观投入(万元)	250	250	250	250		
别墅景观投入获得的溢价	9%	9%	9%	9%	-6%	-6%

图 3-28　房地产企业市场经理订单竞标界面

3. 房地产企业市场经理交付订单

市场经理根据竞标结果进行房屋交付，并获得现金首付收入。央行和银保监会（团队）将各房地产企业（团队）的交货数量录入，各房地产企业（团队）交货数量不能大于订单数量，系统自动显示企业的交付收入，包括现金首付收入和银行消费贷款以及未

交货订单罚款。当房地产企业（团队）商品房有剩余时，也可以当作限价房出售给政府。“商品房+限价房”销售量最大和次大的房地产企业（团队）可以获得政府奖励。

第一年，各房地产企业（团队）实际交付商品房 160 套，别墅 8 套，交付收入 40 900 万元，现金首付收入__________万元，银行消费贷款__________万元。房地产企业（团队）订单竞标和交付如表 3-11 所示。

表 3-11　房地产企业（团队）订单竞标和交付

（1）变动盘面。	（2）在图 3-29 所示界面中录入信息。
① 订单竞标，现金支付广告费 1 000 万元，放置商品房和别墅景观费记账筹码各 250 万元/亩，现金盘点 6 100万元。	销售竞标与施工交付模块→订单竞标与交付→支付广告费 1 000 万元→商品房景观报价 250 万元，别墅景观报价 250 万元→收到首付款 12 300 万元，现金盘点 18 400万元。
② 订单交付，将 160 套商品房和 8 套别墅筹码交付，获得首付款，现金 12 300 万元，现金盘点 18 400 万元。	

序号	经营步骤		责任人	填写单据	第一年
3	订单竞标与交货	订单竞标，填写订单竞标单，支付广告费			1000
		订单竞标，商品房的每亩景观设计报价（万元/亩）			250
		订单竞标，别墅的每亩景观设计报价（万元/亩）			250
		实际交货的商品房数量（套）			160
		实际交货的别墅数量（套）			8
		实际交货的限价房数量（套）			0
		所有交货获得的首付款（来源于教师端交货数据录入的现金收入）	市场经理	填写订单竞标单，消费贷款协议	12300
		政府收购的限价房收入记2年期应收款			0

图 3-29　房地产企业订单交付和收取首付款界面

（五）办理消费贷款、支付规划设计费和景观费

房地产企业市场经理帮助消费者办理的消费贷款，数额由系统自动给出。央行和银保监会提示消费贷款利率为本年度贷款基准利率、消费贷款和对公贷款之和且不能超过银行贷款额度。央行和银保监会收到竞标单后，点击“消费贷款”按钮，根据各银行信贷经理提交的竞标单，在图 3-30 中输入贷款额度及最高额度占用费。企业和银行进行谈判，确定贷款数量、额度占用费等，签订消费贷款协议，期限为 5 年。第一年，各企业需办理消费贷款（表 3-12）__________万元，各银行贷款额度充足，最高额度占用费__________%，当年收到利息__________万元。

	消费贷款				
	竞争规则： 消费贷款规模最大的企业先选资金安排费最低的银行进行贷款，银行如果拒绝，其同等客户的资金安排费率只能依次上升。				
第一年		企业A	企业B	企业C	企业D
	消费贷款规模（万元）	28600	28600	28600	28600
		银行A	银行B	银行C	银行D
	额度（万元）	30000	30000	30000	30000
	最高资金安排费（一次性收取，%）	2.00%	2.00%	2.00%	2.00%
	本次实际发放消费贷款（万元）	28600	28600	28600	28600
	本年未办理的消费贷款总额（万元）	0			
	年初补发消费贷款（万元）				
	当年收到利息（万元）	2300	2300	2300	2300
	当年收到等额还款金额（万元）	0	0	0	0

图 3-30　消费贷款竞标界面

表 3-12　办理消费贷款

(1) 变动盘面。	(2) 在图 3-30 所示界面中录入信息。
① 房地产企业 28 600 万元消费贷款可全部办理，现金支付额度占用费 600 万元，收到现金 28 600 万元，现金盘点 46 400 万元。 ② 房地产企业现金支付交付房屋的规划设计费和景观费 9 100 万元（系统自动计算），现金盘点 37 300 万元。	房企：销售竞标与施工交付模块→消费贷款 28 600 万元→额度占用费 600 万元→规划设计和景观费 9 100 万元，现金盘点 37 300 万元。
③银行，个人消费贷款 28 600 万元筹码放置 5Y；现金发放消费贷款 28 600 万元，收到额度占用费 600 万元，贷款基准利率 8%，消费贷款余额 28 600 万元，现金盘点 14 100 万元。	银行：管理流动性与消费贷款→办理新消费贷款 28 600 万元→额度占用费 600 万元→利率 8%，现金盘点 14 100 万元。

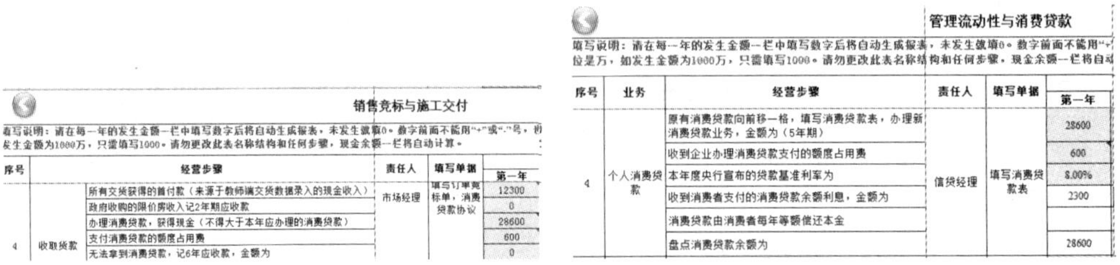

图 3-30　房地产企业和银行消费贷款界面

（六）团队管理

房地产企业的运营团队数量会对销售额和资质提升产生影响；商业银行的存、贷款团队数量会影响其每年存、贷款的额度，而且银行的存、贷款团队必须放置于网点中。第一年，房地产企业不增设团队，支付团队工资奖金__________万元；商业银行不增设网点和团队，支付网点运营费__________万元，支付团队工资奖金__________万元。房地产企业和商业银行团队管理界面，如图 3-31 所示。

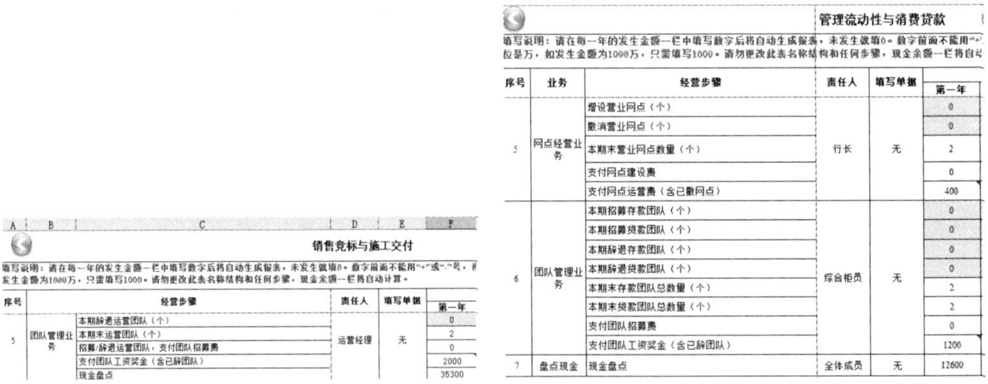

图 3-31　房地产企业和商业银行团队管理界面

（七）对公存款、存款准备金和国债

对公存款有助于增加企业收益、降低银行的存贷比。央行和银保监会组织对公存款，收集房地产企业和商业银行的竞标单，点击“对公存款”在第一年处录入各企业的计划存款规模和各银行的最低存款年利率。根据挂牌出来的信息，企业和银行就存款利率、数量、期限、违约金等进行协商，签订存款协议。第一年，企业存款_________万元，银行存款最低年利率_________%，利息_________万元，无违约金。银行吸收对公存款后，将按照_________%的存款准备金率，上缴存款准备金_________万元。银行收到国债利息_________万元。办理对公存款和准备金的具体情况见表 3-13。

表 3-13　办理对公存款和准备金

(1) 变动盘面。	(2) 在图 3-32 所示界面中录入信息。
① 房地产企业办理 1 年期银行存款 30 000 万元，将记账筹码放置银行存款 1Y，支付现金 30 000 万元，收到利息 600 万元，现金盘点 5 900 万元。	房企：投资业务模块→银行存款 30 000 万元→收到利息 600 万元，现金盘点 5 900 万元。
② 商业银行吸收 1 年期对公存款 30 000 万元，将记账筹码放置对公存款 1Y，收到现金 30 000 万元，支付现金 600 万元，现金盘点 41 900 万元。	银行：投融资业务→对公存款 30 000万元→利息 600 万元→存款准备金率 15%→国债利息 1 400 万元，现金盘点 32 800 万元。
③ 商业银行现金上缴存款准备金 10 500 万元，将记账筹码放置存款准备金，余额 15 000 万元，现金盘点 31 400 万元。	
④ 商业银行收到未到期国债，将记账筹码移至 4Y，收到现金利息 1 400 万元，现金盘点 32 800 万元。	

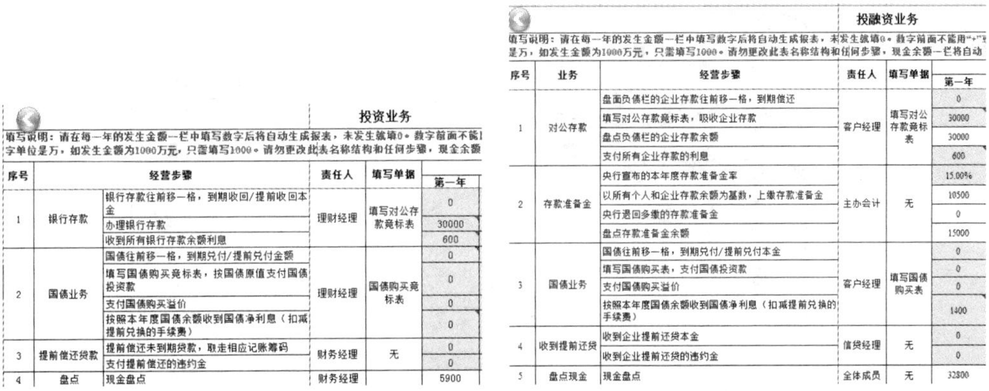
投资业务

填写说明：请在每一年的发生金额一栏中填写数字后将自动生成报表，未发生就填0。数字前面不能
字单位是万，如发生金额为1000万元，只需填写1000。请勿更改此表名称结构和任何步骤，现金余额

序号		经营步骤	责任人	填写单据	第一年
1	银行存款	银行存款往前移一格，到期收回/提前收回本金	理财经理	填写对公存款竞标表	0
		办理银行存款			30000
		收到所有银行存款余额利息			600
2	国债业务	国债往前移一格，到期兑付/提前兑付金额	理财经理	国债购买竞标表	0
		填写国债购买竞标表，按国债原值支付国债投资款			0
		支付国债购买溢价			0
		按照本年度国债余额收到国债净利息（扣减提前兑换的手续费）			0
3	提前偿还贷款	提前偿还未到期贷款，取走相应记账筹码	财务经理	无	0
		支付提前偿还的违约金			0
4	盘点	现金盘点	财务经理		5900

投融资业务

填写说明：请在每一年的发生金额一栏中填写数字后将自动生成报表，未发生就填0。数字前面不需用"+"
是万，如发生金额为1000万元，只需填写1000。请勿更改此表名称结构和任何步骤，现金余额一栏将自动

序号	业务	经营步骤	责任人	填写单据	第一年
1	对公存款	盘面负债栏的企业存款往前移一格，到期偿还	客户经理	填写对公存款竞标表	0
		填写对公存款竞标表，吸收企业存款			30000
		盘点负债栏的企业存款余额			30000
		支付所有企业存款的利息			600
2	存款准备金	央行宣布的本年度存款准备金率	主办会计	无	15.00%
		以所有个人和企业存款余额为基数，上缴存款准备金			10500
		央行退回多缴的存款准备金			0
		盘点存款准备金余额			15000
3	国债业务	国债往前移一格，到期兑付/提前兑付本金	客户经理	填写国债购买表	0
		填写国债购买表，支付国债投资款			0
		支付国债购买溢价			0
		按照本年度国债余额收到国债净利息（扣减提前兑换的手续费）			1400
4	收到提前还贷	收到企业提前还贷本金	信贷经理	无	0
		收到企业提前还贷的违约金			0
5	盘点现金	现金盘点	全体成员	无	32800

图 3-32　对公存款、存款准备金和国债业务界面

(八) 本年度经营结束，各商业银行和各房地产企业交纳相关费用

各房地产企业点击“外部经营业务”、各商业银行点击“政府监管”，根据提示完成收付。

1. 房地产企业交纳相关费用

本年度，依据运行规则，各房地产企业需要支付管理费_________万元，交纳增值税_________万元、所得税_________万元，其中增值税和所得税由系统计算给出，但增值税率需在期初按要求填写。房地产企业现金盘点_________万元。房地产企业外部经营业务数据填写如图 3-33 所示，房地产企业第一年经营结束后盘面如图 3-34 所示。

外部经营业务

填写说明：请在每一年的发生金额一栏中填写数字后将自动生成报表，未发生就填0。数字前
意，数字单位是万，如发生金额为1000万元，只需填写1000。请勿更改此表名称结构和任何

序号	经营步骤		责任人	填写单据	第一年
年末	交费或奖励	支付管理费（每年管理费2500万元）	财务经理	无	2500
		支付罚款等其他费用			0
		按商品房和限价房交付数量排名获得政府奖励或其他奖励			0
	交税	交增值税（请见利润查询模块）	会计主管	无	800
		交所得税（请见利润查询模块）			200
	盘点土地	期末剩余土地亩数（亩）	全体成员	无	0
		期末剩余土地价值（万元）			0
	盘点库存商品房	期末库存商品房（套）			0
		期末库存商品房占用的土地数量（亩）			0
		期末库存商品房的土地价值（万元）			0
		期末库存商品房的建安成本（万元）			0
	盘点库存别墅	期末库存别墅（套）			0
		期末库存别墅占用的土地数量（亩）			0
		期末库存别墅的土地价值（万元）			0
		期末库存别墅的建安成本（万元）			0
	盘点现金	期末现金余额（万元）			2400

图 3-33　房地产企业外部经营业务界面

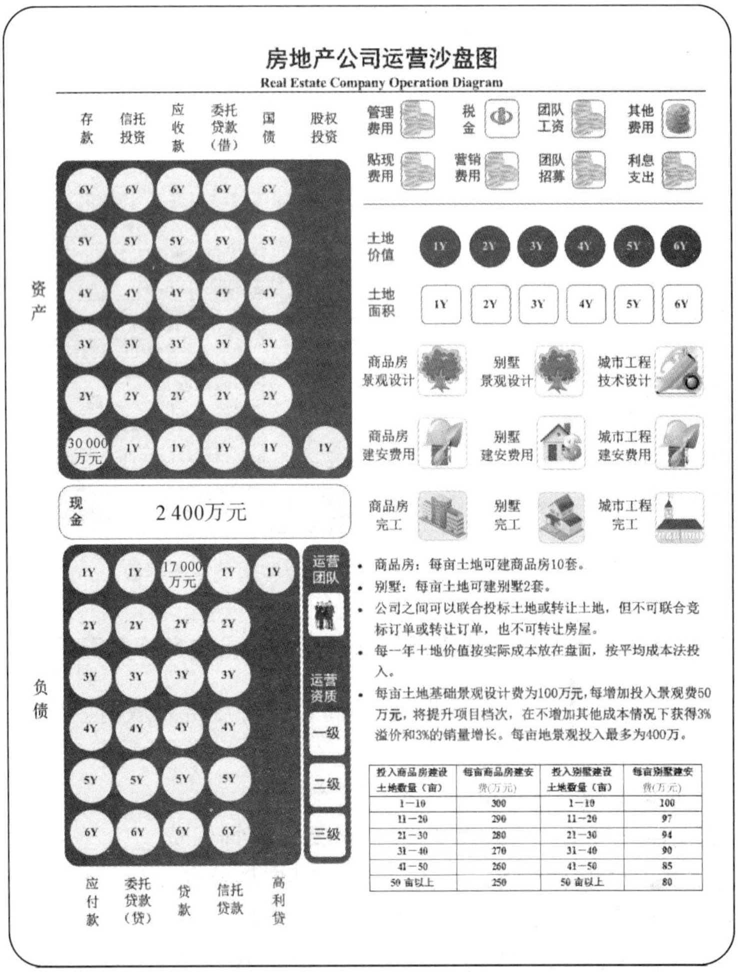

投入商品房建设土地数量（亩）	每亩商品房建安费(万元)	投入别墅建设土地数量（亩）	每亩别墅建安费(万元)
1—10	300	1—10	100
11—20	290	11—20	97
21—30	280	21—30	94
31—40	270	31—40	90
41—50	260	41—50	85
50 亩以上	250	50 亩以上	80

图 3-34　房地产企业第一年经营结束后盘面

2. 商业银行交纳相关费用

本年度，依据运行规则，各商业银行需要支付管理费__________万元，交纳增值税__________万元、所得税__________万元，其中增值税和所得税由系统计算给出，商业银行现金盘点__________万元。商业银行政府监管数据填写如图 3-35 所示，商业银行第一年经营结束后盘面如图 3-36 所示。

政府监管

填写说明：请在每一年的发生金额一栏中填写数字后将自动生成报表，未发生就填0。数字前面
意，数字单位是万元，如发生金额为1000万元，只需填写1000。请勿更改此表名称结构和任何

序号	业务	经营步骤	责任人	填写单据	第一年
年末	交费或奖励	支付管理费（每年1000万元）	综合柜员	无	1000
		支付罚款等其他费用			0
		获得奖励等			0
	交税	交所得税和增值税（请见利润查询模块）	会计主管	无	500
	盘点现金	期末盘面现金余额	全体成员	无	31300

图 3-35　商业银行政府监管界面

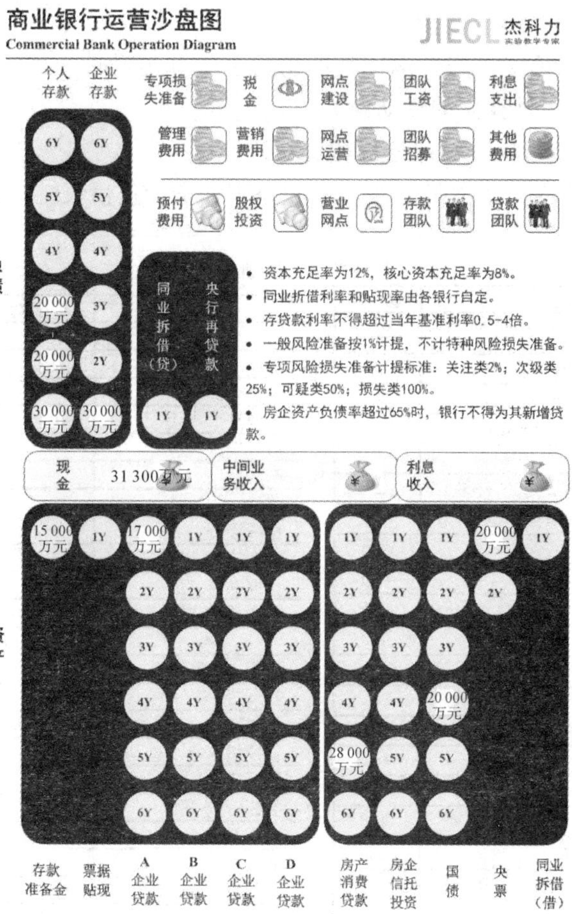

图 3-36　商业银行第一年经营结束后盘面

（九）数据查询

各房地产企业和各商业银行确定报表无误后，发送给央行和银保监会。央行和银保监会务必先关闭已打开的各房地产企业和各商业银行核心业务运营表，然后导入报表，覆盖已有报表。央行和银保监会再打开各房地产企业和各商业银行的核心业务运营表，然后打开“商业银行模拟经营沙盘分析工具 111004”，将被询问是否更新链接，点击“更新”（适用于 Office 2003 版，请参见图 3-3）或“启用内容”（适用于 Office 2007 以上的版本，请参见图 3-4）。这样，央行和银保监会将获得各房地产企业和各商业银行新的报表数据进行监管检查和数据分析。

1. 检查各组运营数据填报

点击“宏观政策与监管检查”，可以对房地产企业土地款支付、广告费支付、商品房景观投入、别墅景观投入、土地竞标数量、增值税率、国债利息、交货数量、销售金额、盘面现金、资产负债率、限价房收入等指标进行检查；可以对银行存贷比、营销费支付、专项损失准备金支付、存款准备金支付、存款利息支付、国债利息收取、消费贷款利率、盘面现金等指标进行检查。

2. 检查央行和银保监会（团队）业绩

点击“央行指标预测”查看本年度的房价涨幅和流动性。由于第一年没有上年数据比较房价涨幅为 0，计算出的流动性为__________。

3. 房地产企业（团队）绩效分析和贷款评价

（1）房地产企业第一年经营结束后的损益表和资产负债表结构图（图 3-37）。

损益表

项目	第一年
一、不含税主营业务收入（商品房、别墅、限价房和城建工程）	38600
不含税主营业务收入（转让土地）	0
减：所售商品房、别墅、限价房土地费	18000
各类工程建安费（不含税）	4600
转出土地的成本	0
城建工程技术设计费用（不含税）	0
景观费与规划设计费（不含税）	8200
二、毛利	7800
减：管理费用	4500
营销费用（不含税）	900
财务费用	1800
三、营业利润	600
加：投资理财收益	0
加：营业外净收益	0
四、利润总额	600
减：所得税	200
五、净利润	400
政府公布的增值税率	11.00%
含税主营业务收入（商品房、别墅、限价房和城建工程）	40900
含税主营业务收入（转让土地）	0
应交增值税	800

资产负·

项目	年初数	第一年
资产：		
现金	4000	2400
银行存款		30000
应收款		0
股权投资		0
产成品		0
国债		0
信托投资		0
委托贷款-借		0
土地净值	18000	0
资产总计	22000	32400
负债：		
高利贷		0
应付款		0
信托借款		0
银行贷款	7000	17000
委托贷款-贷		0
负债合计	7000	17000
股东资本	15000	15000
未分配利润		0
当年净利润		400
所有者权益合计	15000	15400
负债及权益总计	22000	32400

图 3-37　房地产企业第一年经营结束后的损益表和资产负债表结构图

利用损益表和资产负债表可以对企业经营做出全面评价，尤其是贷款的综合评价。在本系统中，分析工具自动计算出各企业经营的相关指标。

（2）房地产企业经营绩效分析。

点击“绩效评估与分析”，点击“房企绩效分析”，查看第一年经营绩效，如图 3-38所示。本年度，各企业净利润 400 万元，广告费 900 万元（不含税），主营业务收入 38 600 万元，商品房实际成交价 207 万元，别墅实际成交价 981 万元，市场占有率均为 25%。

第一年房地产企业绩效分析表

	A	B	C	D	E	F
净利润（万元）	400	-2000	-2000	-2000	-2000	-2000
广告费（万元）	900	0	0	0	0	0
主营业务收入（万元）	38600	0	0	0	0	0
每亩土地成本（万元）						
商品房实际成交价（万元/套）	207	207	207	207	0	0
别墅实际成交价（万元/套）	981	981	981	981	0	0
市场占有率	100.00%	0	0	0	0	0

图 3-38　房地产企业第一年经营绩效分析界面

（3）房地产企业贷款综合评价。

点击“房企团队综合评级”，进入商业银行对房地产企业贷款综合评价，点击“第一年”，如图 3-39 所示，查看房地产企业贷款综合评价的各项指标。本年度，各房地产企业无罚款，流动比 190. 59%，速动比 190. 59%，销售利润率 1. 55%，总资产利润率 1. 85%，净资产负债率 110. 39%，总资产负债率 52. 47%。

第一年房地产贷款综合评价表

		权重	A		B		C		D	
			指标	得分	指标	得分	指标	得分	指标	得分
管理层素质	高管道德	5%		5. 0						
	公司治理规范性	10%	10							
	经营风格	5%	0. 02	5. 0						
	政府关系	5%								
市场竞争力	公司行业地位	5%	1400	5. 0						
公司经营前景	净利润（万）	10%	400	10. 0	-2000		-2000		-2000	
	净利润增长额									
	经营性现金流量（万）	10%	19600	10. 0	-2000		-2000		-2000	
	经营性现金流量增长额									
	主营业务收入（万）	10%	38600	10. 0						
	主营业务收入增长额(万)									
偿债能力	流动比率	5%	190. 59%	5. 0						
	速动比率	5%	190. 59%	5. 0						
盈利能力	销售利润率	5%	1. 55%	5. 0						
	总资产利润率	5%	1. 85%	5. 0	-11. 11%		-11. 11%		-11. 11%	
负债水平	净资产负债率	5%	110. 39%	5. 0						
	总资产负债率	5%	52. 47%	5. 0						
信贷综合评级得分			95. 0							
信贷综合评级累计得分			95. 0							
历年抢答次数与得分		10%		10. 0						
小组成绩			100. 0							

图 3-39　第一年房地产企业贷款综合评价界面

4. 商业银行（团队）绩效分析和监管评级

（1）商业银行第一年经营结束后损益表和资产负债表结构图（图 3-40）。

利用损益表和资产负债表可以对银行经营做出全面评价。在本系统中，分析工具自动计算出各银行经营的相关指标。

商业银行损益表　　单位：万元

项目	第一年
一、营业收入（不含税）	6600
利息收入（不含税）	4200
理财与投资收益（不含税）	1400
中间业务收入（不含税）	1000
减：利息支出	3300
中间业务支出	0
二、毛利	3300
减：管理费用	2600
营业费用分摊	100
资产减值损失	0
三、营业利润	600
加：营业外收入	0
减：营业外支出	0
四、利润总额	600
减：所得税	0
五、净利润	600
利息收入销项税	300
理财与投资收益销项税	0
中间业务收入销项税	0
5年内未抵扣的亏损	

商业银行资产负债表　　单位：万元

项目	年初数	第一年
资产		
现金	10000	31500
存放中央银行款项	4500	15000
拆出资金	0	0
企业贷款	7000	17000
房产消费贷款	0	28600
票据	0	0
理财\信托\股权投资	0	0
国债投资	20000	20000
央票	20000	20000
其他应收款	0	0
资产合计	61500	132100
负债和所有者权益		
吸收个人存款	30000	70000
吸收企业存款	0	30000
向中央银行的借款	0	0
拆入资金	0	0
负债总计	30000	100000
实收资本	25000	25000
盈余公积	6400	6400
一般风险准备余额	100	500
当年未分配利润	0	200
所有者权益合计	31500	32100
负债和所有者权益总计	61500	132100

图 3-40　商业银行第一年经营结束后损益表和资产负债表结构图

（2）商业银行绩效分析

点击“绩效评估与分析”，点击“商业银行绩效分析”，查看第一年经营绩效，如图 3-41 所示。本年度，A 商业银行净利润 600 万元，新增贷款总量 38 600 万元，中间业务净收入 1 000 万元，主营业务收入 6 600 万元，可用资金成本率 7.01%，贷出资金收益率 7.71%，累计吸收存款市场占有率 56.58%。

第一年商业银行绩效分析

		A
当年	净利润（万元）	600
	新增贷款总量（万元）	38600
	当年中间业务净收入（万元）	1000
	当年主营业务收入(万元)	6600
	可用资金成本率	7.01%
	贷出资金收益率	7.71%
累计	累计吸收存款的市场占有率	100.00%
	贷款余额的市场占有率	56.58%

图 3-41　商业银行第一年经营绩效分析界面

点击“商业银行综合评级”，进入银保监会对商业银行监管评级，点击“第一年”，如图 3-42 所示，查看银保监会对商业银行监管评级。本年度，A 商业银行资本充足率 102. 56%，核心资本充足率 100. 96%，不良贷款率 0，资本收益率 1. 87%，资产收益率 0. 45%，存贷比 45. 6%，超额准备金比率 31. 50%。

第一年银监会对商业银行的监管评级

项目		权重	A	
			比率	得分
资产充足状况	资本充足率	5%	102. 56%	5. 0
	核心资本充足率	5%	100. 96%	5. 0
资产安全状况	不良贷款率	10%		10. 0
	拨备覆盖率	5%		5. 0
盈利状况	资本收益率（ROE）	20%	1. 87%	20. 0
	资产收益率（ROA）	20%	0. 45%	20. 0
流动性	存贷比	10%	45. 60%	10. 0
	超额准备金比率	5%	31. 50%	5. 0
态度评价	业务完成规范（速度）	10%	10	
	历年抢答得分	10%		10. 0
本年评级得分			100. 0	
历年累计评级得分			100. 0	
小组成绩			100	

图 3-42　第一年银保监会对商业银行的监管评级界面

（十）资金预算

资金预算是理性决策的基础，盘点完本年度经营业绩之后，各企业和各银行应根据新颁布的宏观经济措施，即存款准备金率、央票发行规模、国债发行规模、首付比例、预计供地规模和企业增值税率等对下一年的经营决策做出合理预测。

1. 房地产企业资金预算（表 3-14）

表 3-14　房地产企业资金预算表

序号	支出	收入
1	竞标土地支出	各资产项到期本金与利息收入
2	归还到期负债	各产品交付现金收入
3	支付利息和中间业务费用	其他收入
4	竞标订单广告支出	
5	景观与规划设计支出	收入合计
6	建安支出	
7	国债投资	

表3-14(续)

序号	支出	收入
8	放出委托贷款	
9	运营团队支出	
10	增值税和所得税支出	
11	支付管理费 2 500 万元	
12	其他支出	
13	支出合计	

需要注意年初剩余库存现金，在本系统中，房地产企业必须首先偿还到期银行贷款和所有未到期贷款利息才能获得新的贷款；否则，只能通过委托贷款或高利贷偿还。

单个企业预计新增贷款=预计现金收入-预计现金支出。

2. 商业银行资金预算（表 3-15）

表 3-15　商业银行资金预算表

序号	支出	收入
1	归还各项到期负债	各项资产到期收回本金及利息
2	支付利息及中间费用	各项中间业务收入
3	各项贷款发放总额	存款准备金冲回
4	发放票据贴现与同业拆借款	其他收入
5	购买央票/国债	
6	竞标个人存款支出	
7	存款准备金支出	
8	支付管理费 1 000 万元	
9	交纳所得税	
10	网点与存贷款团队支出	
11	其他支出	
12	支出合计	收入合计

需要注意年初剩余库存现金，在本系统中，商业银行必须首先偿还到期个人存款才能获得新个人存款；否则，只能通过向央行再贷款补充流动性。

单个银行预计新增存款=预计现金收入-预计现金支出。

第四章

商业银行模拟运营决策仿真系统软件版演练

■教学要点

熟悉商业银行模拟运营决策仿真系统运营流程，熟悉 BS 架构软件版的具体操作和填制方法。

第一节　商业银行模拟运营决策仿真系统软件版演练前准备

一、登录系统

（一）教师登录

（1）打开浏览器，输入商业银行模拟运营决策仿真系统网址：bank. jiecl. com，进入登录界面，如图 4-1 所示。

图 4-1　商业银行模拟运营决策仿真系统登录界面

如图 4-2 所示，点击“用户注册”按钮，在相应的输入框分别输入“登录账号”“姓名”“登录密码”“确认密码”以后，点击“注册”按钮，完成新用户的注册。

图 4-2　商业银行模拟运营决策仿真系统注册界面

（2）登录之后，将进入班级选择界面，这里可以选择“新增班级”和“已有班级”。

①选择“新增班级”，点击“新增”按钮，系统会弹出“新增班级”创建界面，如图 4-3 所示。在列表中输入具体的班级信息后，点击“创建班级”按钮，成功新增班级（注：“组数”应创建为偶数便于更为合理地使用系统）后点击相应的“进入”按钮。新增班级以后，在直接面的顶端右上角，系统会自动生成一个班级邀请码，教师可把此邀请码发给学生，便于学生加入新建班级。

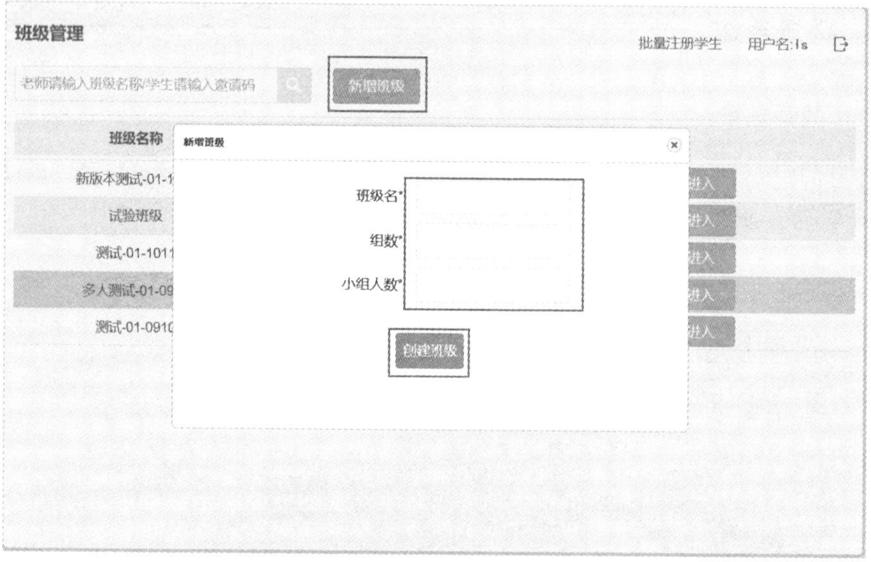

图 4-3　“新增班级”创建界面

②选择“已有班级”，点击“进入”按钮，如图 4-4 所示。

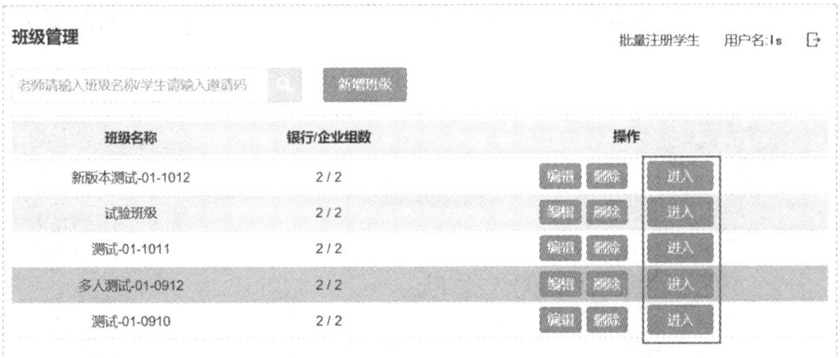

图 4-4　“已有班级”进入界面

完成以上操作后，则会直接进入商业银行运营决策仿真系统教师端界面，如图 4-5 所示。

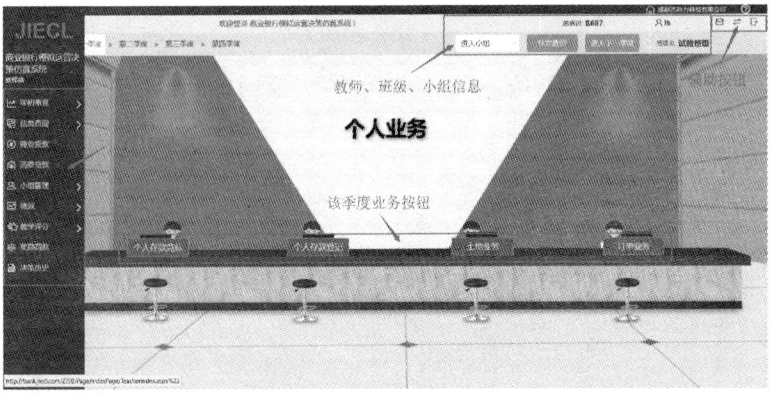

图 4-5　商业银行模拟运营决策仿真系统教师端界面

在如图 4-5 所示的商业银行模拟运用决策仿真系统教师端界面中，顶部显示当前的教师信息、相关的班级信息、小组信息以及当前班级邀请码。教师可将该班级邀请码发送给学生，以便于学生加入当前班级。点击“进入小组”的下拉按钮进入“进入小组”下拉列表界面，如图 4-6 所示。

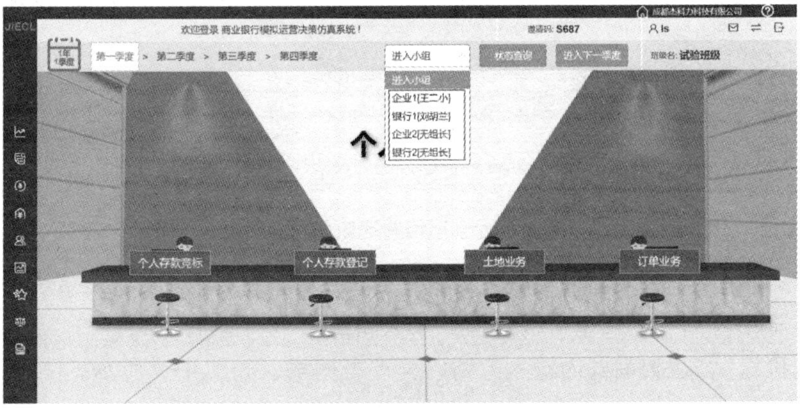

图 4-6　“进入小组”下拉列表界面

选择图 4-6 中相应的小组如企业 1，进入图 4-7 界面，查询该组具体信息。

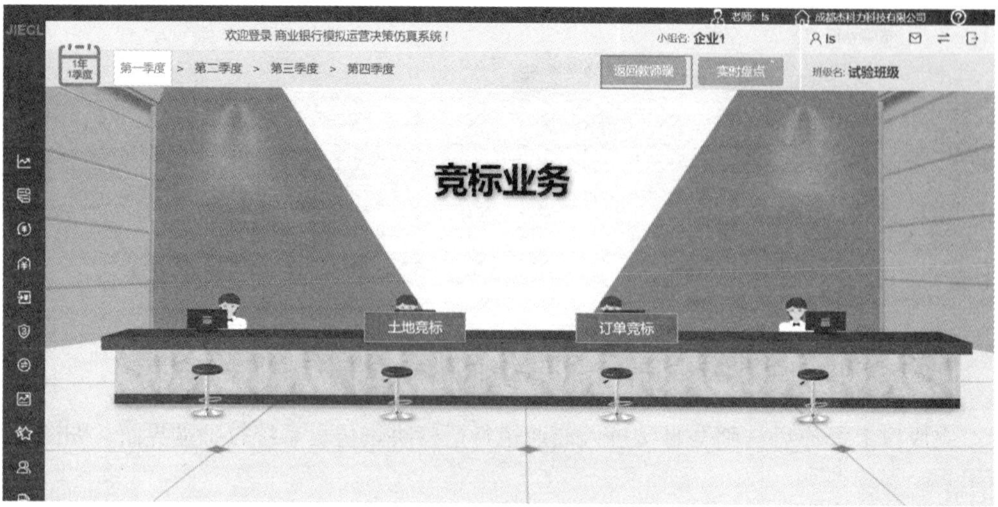

图 4-7　进入小组界面

教师查看小组信息后，可以点击图 4-7 中的“返回教师端”按钮，即可以返回教师端主界面。

（二）学生登录系统

（1）在桌面双击“商业银行模拟运营决策仿真系统”应用程序图标，打开“商业银行模拟运营决策仿真系统”应用程序，进入登录界面，如图 4-8 所示。

图 4-8　商业银行模拟运营决策仿真系统登录界面

（2）学生在相应的输入框中分别输入“用户名”“密码”以后，系统会自动弹出“班级”选择下拉列表，这里可以选择“加入班级”和“已有班级”。

“加入班级”，在查询框内输入邀请码，点击搜索，如图 4-9 所示。

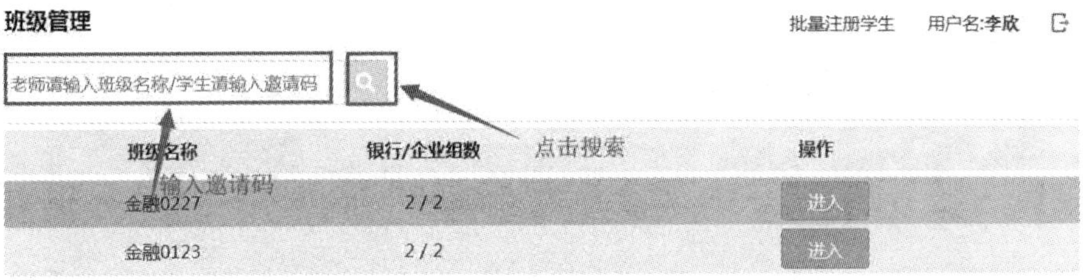

图 4-9　输入邀请码搜索班级

例如输入邀请码 S687 可找到对应的班级，如图 4-10 所示，点击“加入”即加入该班级。

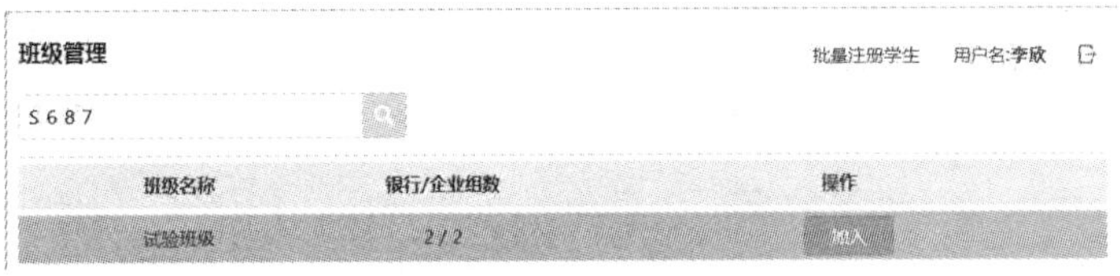

图 4-10　加入指定班级界面

点击图 4-10 中的“加入”按钮，弹出“加入小组”对话框，如图 4-11 所示。对话框里红字的企业或银行，表示已有学生选择了该企业或银行。学生根据教师安排的角色，点击该企业或银行即可。

图 4-11　“加入小组”对话框界面

如选择“银行 1”，如图 4-12 所示，将直接进入商业银行模拟运营决策仿真系统学生银行端主界面。

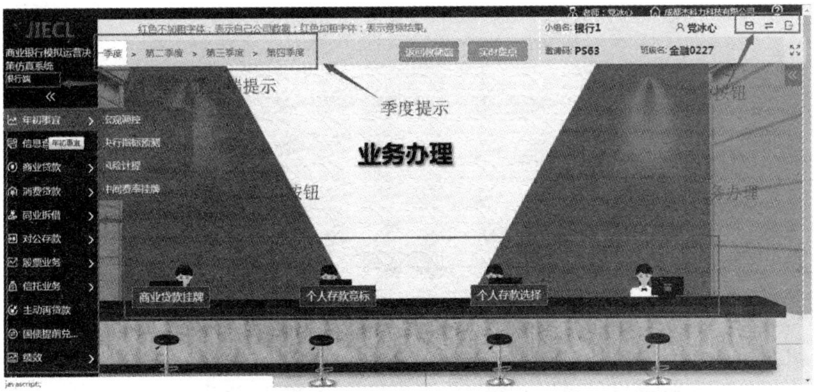

图 4-12　商业银行模拟运营决策仿真系统学生银行端主界面

如选择“企业 1”，如图 4-13 所示，将直接进入商业银行模拟运营决策仿真系统学生企业端主界面。

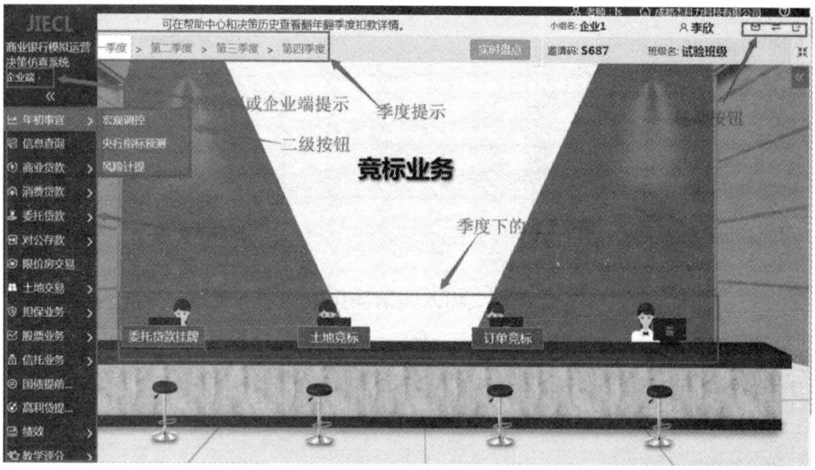

图 4-13　商业银行模拟运营决策仿真系统学生企业端主界面

在商业银行模拟运营决策仿真系统学生端主界面中，如图 4-12 和图 4-13 中顶部显示的是相关班级信息、辅助按钮以及季度信息，界面左侧是导航按钮，部分导航按钮会有相对应的二级按钮。在导航按钮上方的是企业端或银行端的端口提示。

辅助按钮如图 4-14 所示，点击“用户姓名”即图中“党冰心”，即可查询并修改用户信息及密码；点击“系统消息”即图中“信封”按钮，学生可查询系统发布的全部信息；点击“重选班级”即图中“双箭头”的重选班级按钮，即可进入重选班级界面；点击“退出”即图中最右侧按钮，即可直接退出当前账号登录；点击“引导”即图中“问号”按钮，即可进入引导界面，帮助学生更好地掌握系统使用。

图 4-14　商业银行模拟运营决策仿真系统学生端主界面辅助按钮

点击图 4-14“实时盘点”按钮，显示出实时盘点列表。学生可以查询详细的盘点信息，如图 4-15 所示。

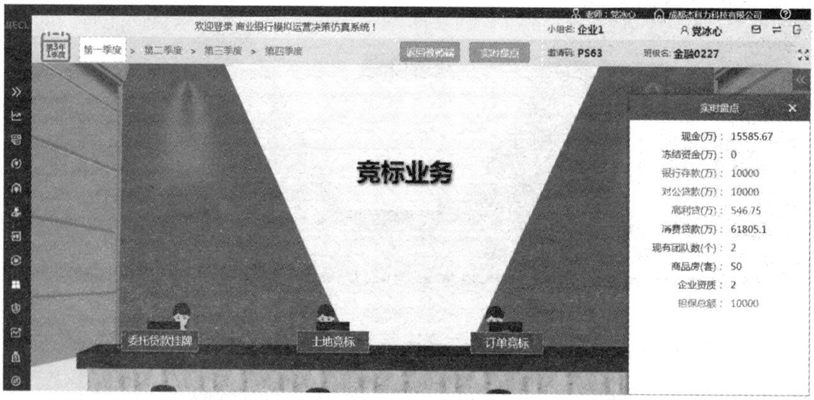

图 4-15　商业银行模拟运营决策仿真系统学生端“实时盘点”界面

二、教师端教学管理

（一）小组管理

点击图 4-5 中商业银行模拟运营决策仿真系统教师端主界面左侧的导航按钮中的“小组管理”按钮，会弹出学生管理和小组管理的下级列表。

1. 学生管理

在弹出的下级列表中，点击“学生管理”按钮，弹出如图 4-16 所示“学生管理”界面，在这里教师可以对班级学生进行相应的管理。

图 4-16　“学生管理”界面

2. 小组管理

在弹出的下级列表中，点击“小组管理”按钮，弹出如图 4-17 所示“小组管理”界面，在这里教师可以对小组成员进行相应的管理工作。

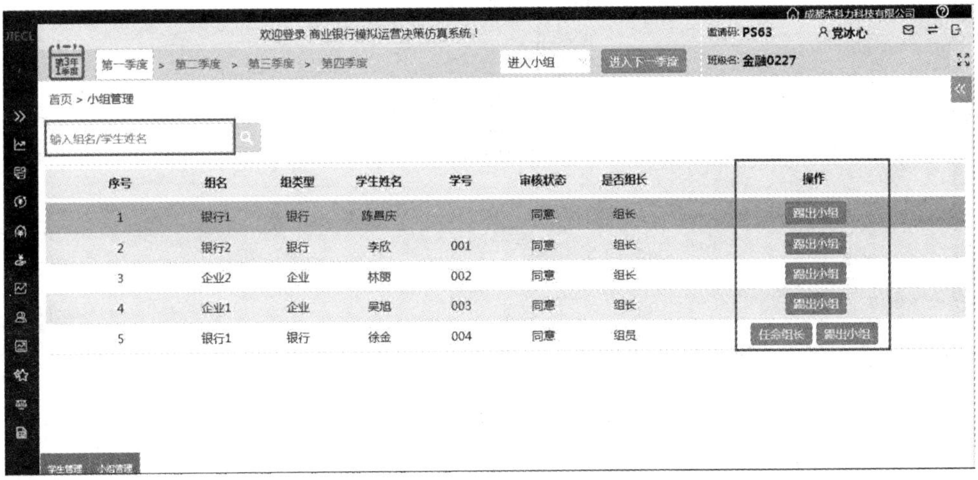

图 4-17　“小组管理”界面

（二）绩效评估与分析

在如图 4-5 所示的商业银行模拟运营决策仿真系统教师端主界面左侧的导航按钮中，点击“绩效”按钮，会弹出如图 4-18 所示的绩效列表界面，在这里教师可查询各小组有关绩效信息的全部情况。

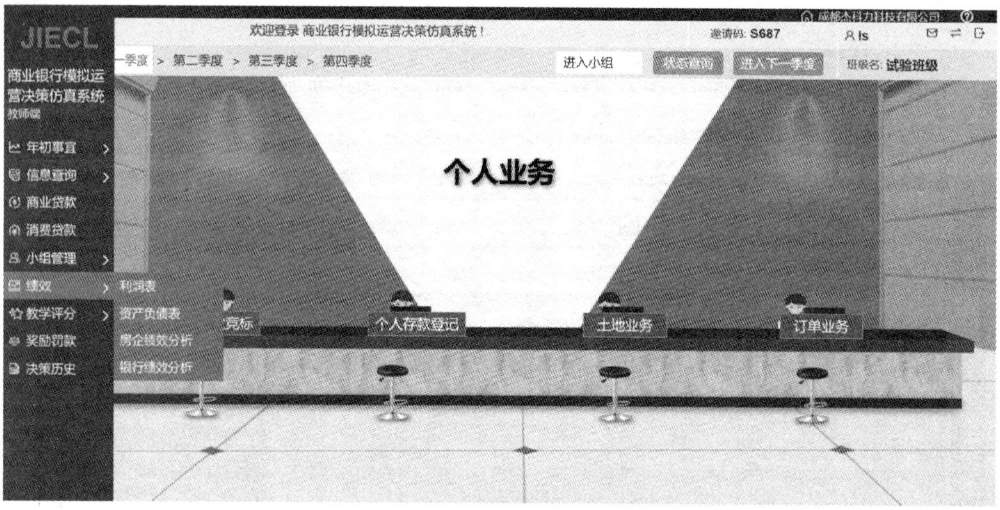

图 4-18　绩效列表界面

1. 利润表

在图 4-18 所示弹出的下级列表中，点击“利润表”按钮，弹出如图 4-19 所示的“利润表”界面，在这里教师可查看各小组的利润情况。

图 4-19　“利润表”界面

2. 资产负债表

在图 4-18 所示弹出的下级列表中，点击“资产负债表”按钮，弹出如图 4-20 所示的“资产负债表”界面，在这里教师可查看各小组的资产负债情况。

图 4-20 “资产负债表”界面

3. 房企绩效分析

在图 4-18 所示弹出的下级列表中，点击“房企绩效分析”按钮，弹出如图 4-21 的“房企绩效分析”界面，在这里教师可查看各企业的房产绩效分析信息，点击“更新绩效分析”按钮可更新绩效分析。

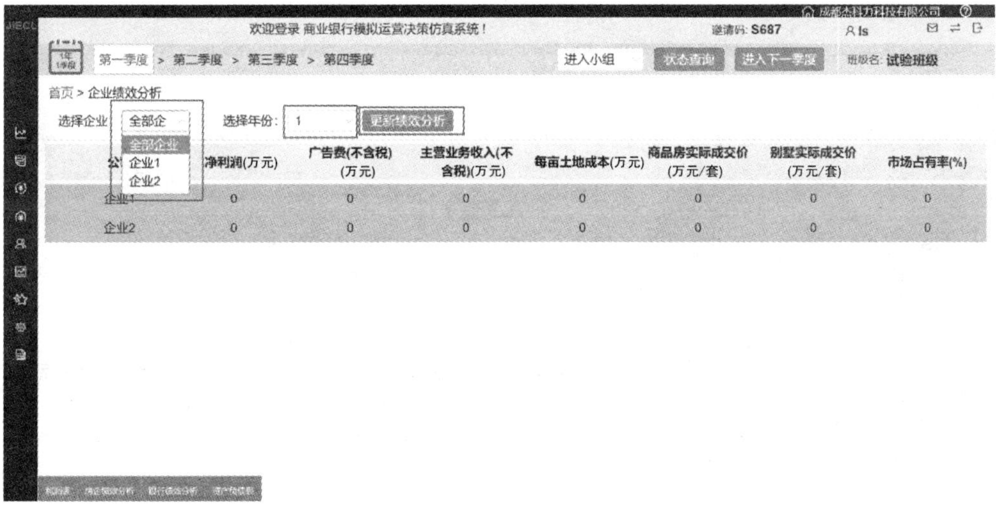

图 4-21 “房企绩效分析”界面

4. 银行绩效分析

在图 4-18 所示弹出的下级列表中，点击“银行绩效分析”按钮，弹出如图 4-22 所示的“银行绩效分析”界面，在这里教师可查看各银行的绩效分析信息，点击“更新银行绩效分析”按钮可更新绩效分析。

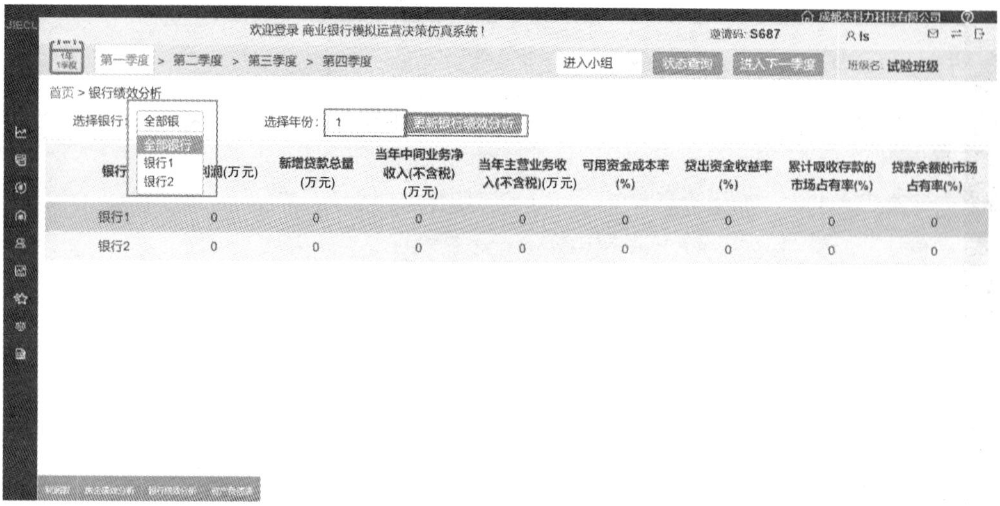

图 4-22 “银行绩效分析”界面

（三）教学评分

在图 4-5 所示的商业银行模拟运营决策仿真系统教师端主界面左侧的导航按钮中，点击“教学评分”按钮会弹出下级列表，如图 4-23 所示，在这里教师可对团队和成员评分并对商业银行和房企团队进行综合评级。

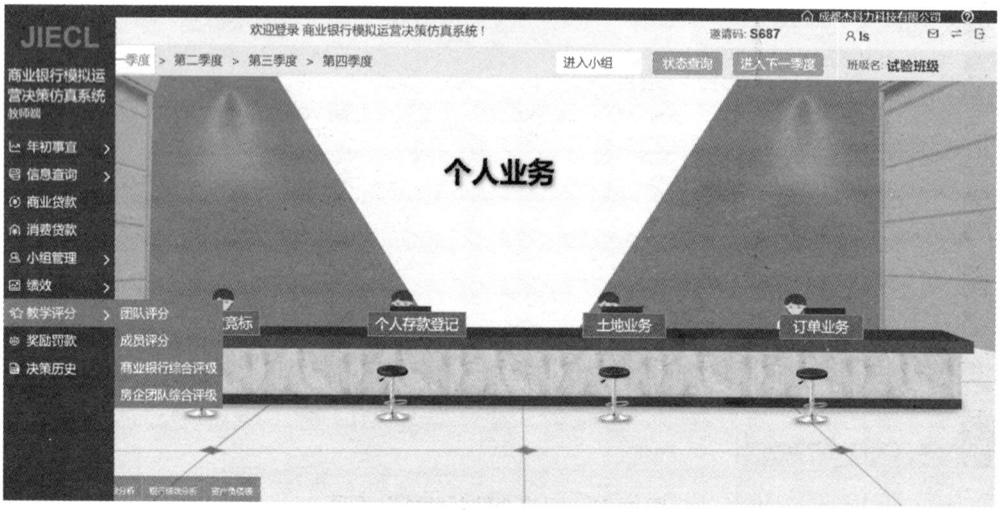

图 4-23 “教学评分”列表

1. 团队评分

在图 4-23 所示弹出的下级列表中，点击“团队评分”按钮会弹出如图 4-24 所示的“团队评分”界面，在这里教师可对分数权重进行合理调整。

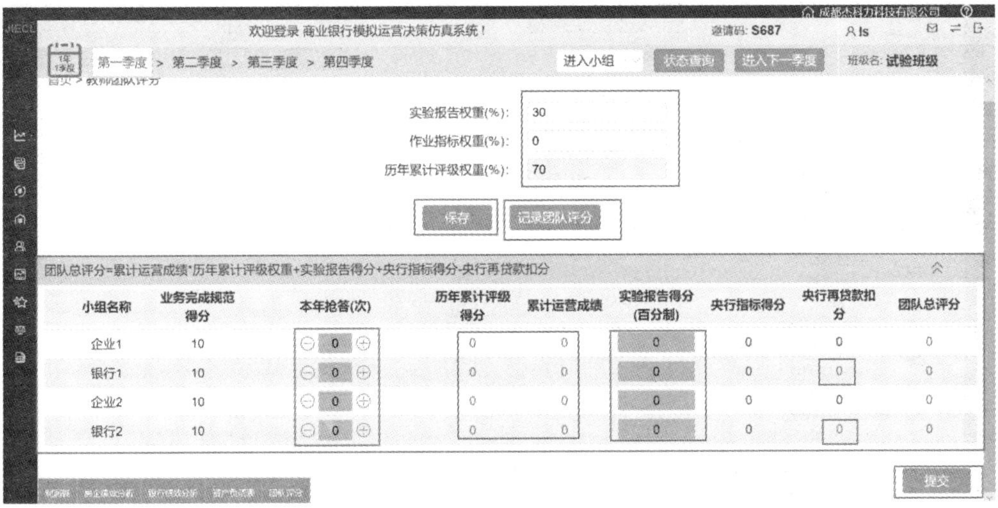

图 4-24 “团队评分”界面

点击“记录团队评分”按钮会弹出各小组的具体得分情况，教师可以根据实际情况对各小组进行评分并进行分数的提交，点击蓝色数据可了解具体的得分细则。

2. 成员评分

在图 4-23 所示弹出的下级列表中，点击“成员评分”按钮，进入图 4-25 所示“成员评分”界面，教师可根据实际情况对各成员进行评分并进行保存。

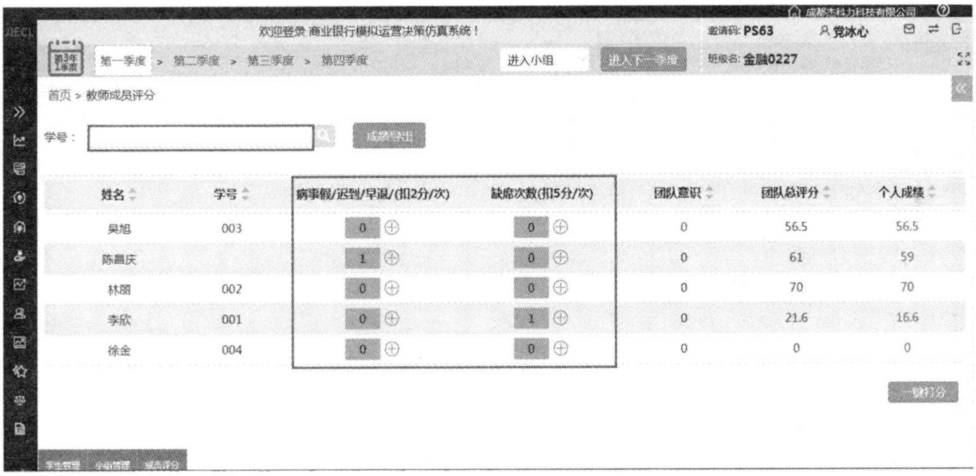

图 4-25 “成员评分”界面

3. 商业银行综合评级

在如图 4-23 所示弹出的下级列表中，点击“商业银行综合评级”按钮，如图 4-26 所示，会弹出“商业银行综合评级”界面，教师可查询各银行的具体得分情况，点击“更新数据”按钮可更新数据。

项目		权重	银行1		银行2	
			比率(%)	得分	比率(%)	得分
资本充足状况	资本充足率	5%	0	0	0	0
	核心资本充足率	5%	0	0	0	0
资本安全状况	不良贷款率	10%	0	0	0	0
	拨备覆盖率	5%	0	0	0	0
盈利状况	资本收益率	20%	0	0	0	0
	资产收益率	20%	0	0	0	0
流动性	存贷比	10%	0	0	0	0
	超额准备金比率	5%	0	0	0	0
态度评价	业务完成规范得分	10%	0	0	0	0
	历年抢答得分	10%	0	0	0	0
本年评级得分			0		0	
历年累计评级得分			0		0	
累计运营成绩			0		0	

图 4-26　“商业银行综合评级”界面

4. 房企团队综合评级

在如图 4-23 所示弹出的下级列表中，点击“房企团队综合评级”按钮如图 4-27 所示，会弹出“房企团队综合评级”界面，教师可查询各企业的具体得分情况，点击“更新数据”按钮可更新数据。

		权重	企业1		企业2	
			指标	得分	指标	得分
管理层素质	高管道德	5%	0	0	0	0
	公司治理规范性	10%	0	0	0	0
	经营风格	5%	0	0	0	0
	政府关系	5%	0	0	0	0
市场竞争力	公司行业地位	5%	0	0	0	0
公司经营前景	净利润(万元)	10%	0	0	0	0
	净利润增长额	0%	0	0	0	0
	经营性现金流量(万元)	10%	-4500	0	-4500	0
	经营性现金流量增长额	0%	0	0	0	0
	主营业务收入(万元)	10%	0	0	0	0
	主营业务收入增长额(万元)	0%	0	0	0	0
偿债能力	流动比率	5%	0	0	0	0
	速动比率	5%	0	0	0	0
盈利能力	销售利润率	5%	0	0	0	0
	总资产利润率	5%	0	0	0	0
	[illegible]	5%	0	0	0	0

图 4-27　“房企团队综合评级”界面

以上相关指标的计算，将在第五章中进行说明。

（四）奖励罚款

在图 4-5 所示的商业银行模拟运营决策仿真系统教师端主界面左侧的导航按钮中，点击“奖励罚款”按钮，会弹出如图 4-28 所示的“奖励罚款”界面，在这里教师可对银行和企业进行惩罚与奖励。

图 4-28　“奖励罚款”界面

（五）决策历史

在图 4-5 所示的商业银行模拟运营决策仿真系统教师端主界面左侧的导航按钮中，点击“决策历史”按钮，会弹出如图 4-29 所示的“决策历史”界面。在这里教师可查询所有的决策信息。

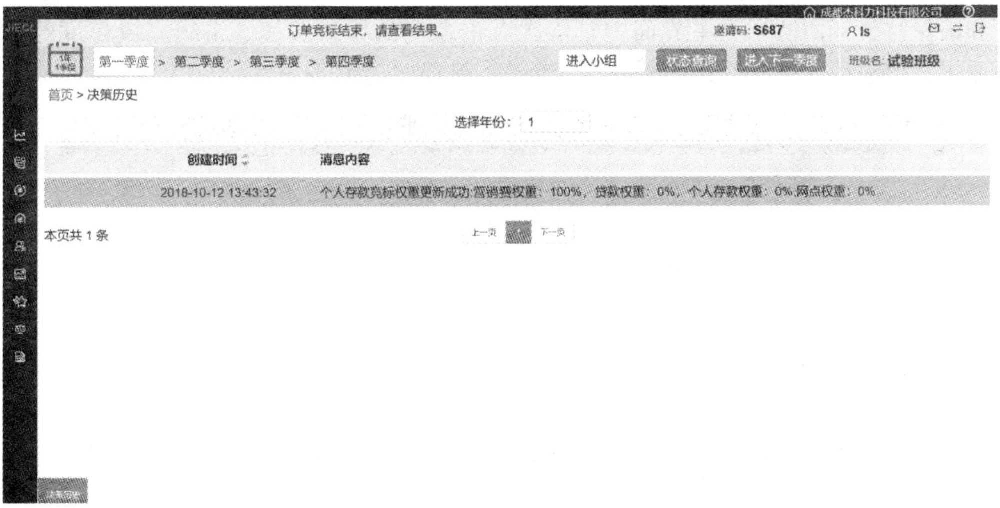

图 4-29　“决策历史”界面

（六）运营状态查询

在图 4-5 所示的商业银行模拟运营决策仿真系统教师端主界面顶部的班级信息中，点击“状态查询”，会弹出“状态查询”界面，在这里可以查询整个班级在商业银行模拟运营决策仿真系统中的运营状态，如图 4-30 所示。

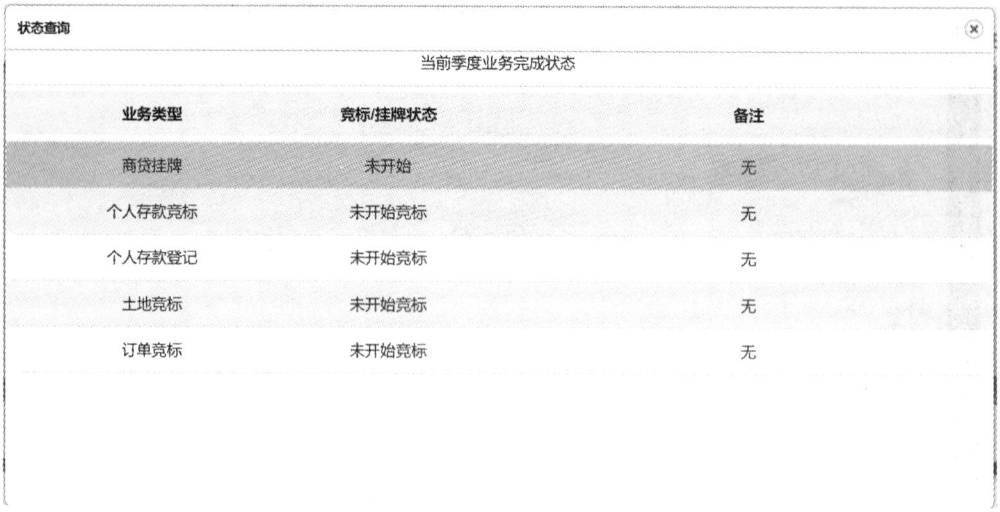

图 4-30　运营状态查询界面

第二节　商业银行模拟运营决策仿真系统软件版经营演练年

商业银行模拟运营决策仿真系统教师端即为央行和银保监会（团队）操作端，央行和银保监会（团队）在主界面中，依次点击左侧的导航按钮，组织完成年度经营。商业银行模拟运营决策仿真系统年度运营基本流程如图 4-31 所示。

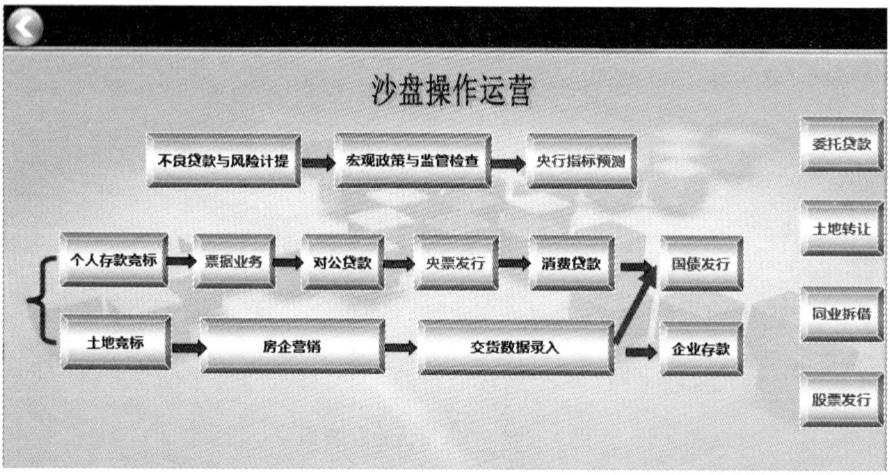

图 4-31　商业银行模拟运营决策仿真系统年度运营基本流程图

一、年初事宜

（一）央行和银保监会年初事宜

点击图 4-32 中的“年初事宜”按钮，分别点击列表中的“宏观调控”“风险计提”“年初数据设置”，可进入相应界面调整或查询数据。

图 4-32　央行和银保监会“年初事宜”列表界面

1. 宏观调控

在如图 4-32 所示弹出的下级列表中，点击“宏观调控”按钮，进入“宏观调控”界面，在这里教师可修改相关的宏观数据，点击“修改”按钮，完成对数据的修改，如图 4-33 所示。

年份	1
存款利率(%)	2
贷款利率(%)	8
再贷款利率(%)	5
存款准备金(%)	15
央票发行规模(万元)	0
国债发行规模(万元)	0

商品房和别墅调整后首付比例(%)	30
本年预计供地规模(亩)	0
外部票据贴现(万元)	0
预计新增个人存款(万元)	80000
房地产公司增值税率(%)	11
城建工程订单(个/类)	0
操作	修改

图 4-33　央行和银保监会“宏观调控”界面

系统中红色字迹为系统自动给出，不能人为调整。央行和银保监会颁布的宏观政策，主要是存款准备金率、国债发行规模、首付比例、预计供地规模、增值税率等。

2. 风险计提

在如图 4-32 所示弹出的下级列表中，点击“风险计提”按钮，进入“风险计提”界面，在这里央行和银保监会可以查询风险计提相关的信息，如图 4-34 所示。

图 4-34　央行和银保监会“风险计提”界面

3. 年初数据设置

在如图 4-32 所示弹出的下级列表中，点击“年初数据设置”按钮，进入“年初数据设置”界面，在这里央行和银保监会可以进行相应的年初数据修改以及系统字体大小的设置，如图 4-35 所示。

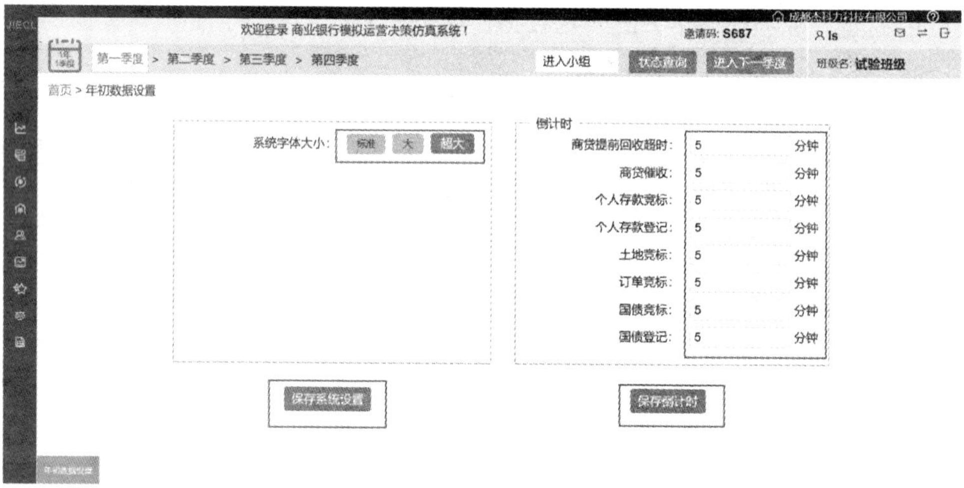

图 4-35　央行和银保监会“年初数据设置”界面

（二）商业银行和房地产企业年初事宜

在商业银行模拟运营决策仿真系统学生端即银行和企业操作端，在主界面中，将鼠标放在“年初事宜”，会出现两个二级按钮，如图 4-36 所示。

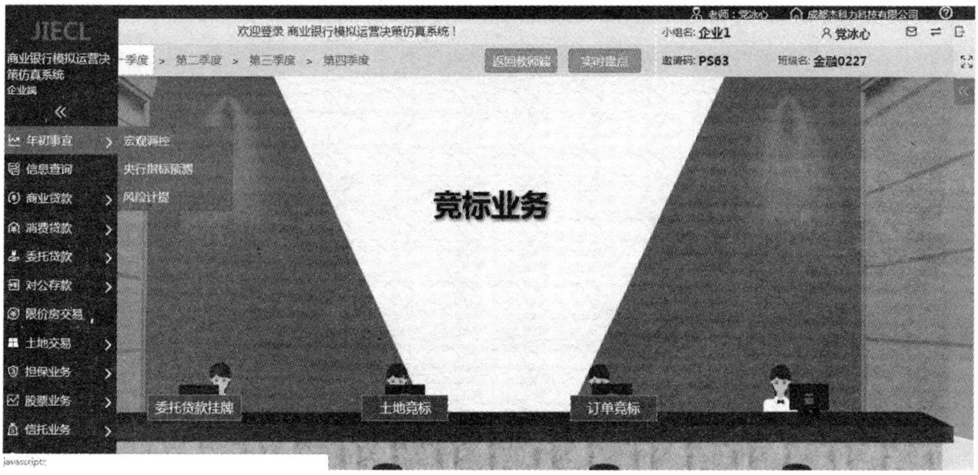

图 4-36　商业银行和房地产企业“年初数据”界面

1. 宏观调控

点击“宏观调控”按钮，则出现相关宏观政策与外部环境界面，如图 4-37 所示，在此界面可查询宏观政策信息等。

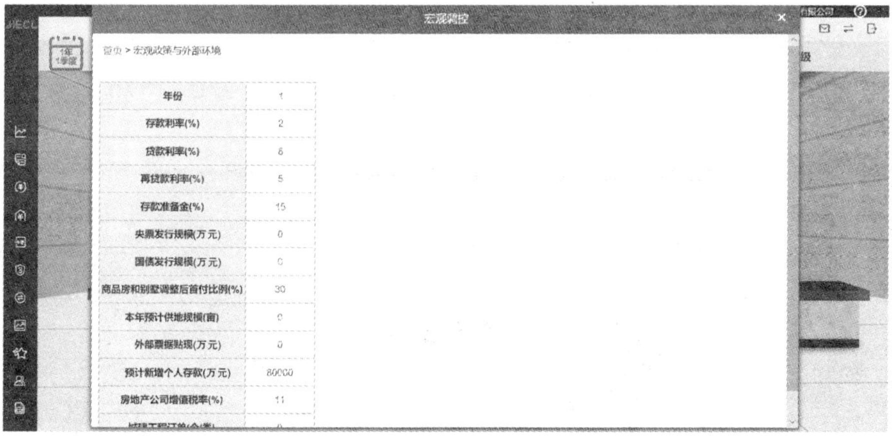

图 4-37　商业银行和房地产企业“宏观调控”界面

2. 风险计提

点击“风险计提”按钮，即出现商业贷款不良贷款风险损失计提界面，可查询相关信息，如图 4-38 所示。

图 4-38　商业银行和房地产企业“风险计提”界面

二、信息查询

（一）央行和银保监会信息查询

在图 4-5 所示的商业银行模拟运营决策仿真系统教师端主界面左侧的导航按钮中，点击“信息查询”按钮，在这里可分别查询“银行”以及“企业”的相关信息，如图 4-39 所示。

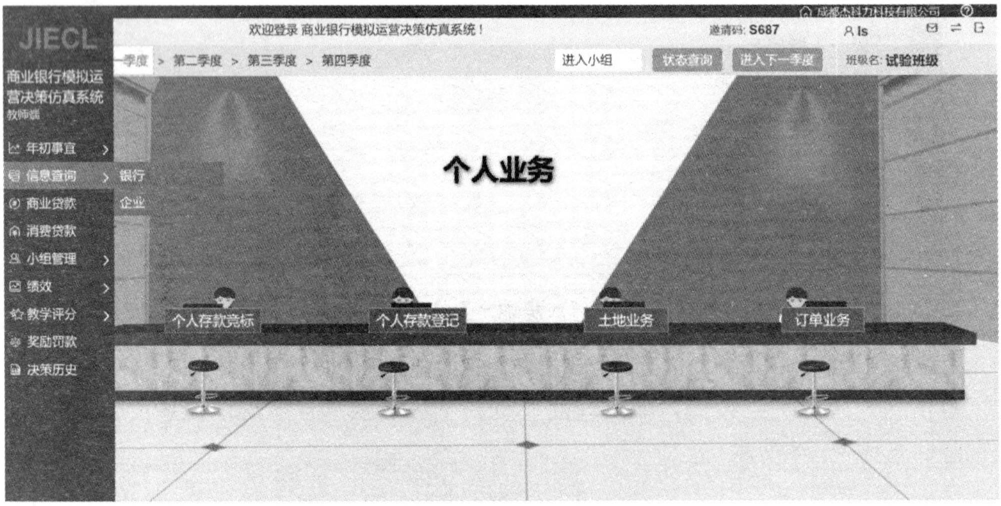

图 4-39　央行和银保监会“信息查询”界面

点击“银行”按钮，在这里央行和银保监会可以查询各银行的个人存款、央票、国债、对公存款、再贷款等信息。点击“企业”按钮，在这里央行和银保监会可以查询各企业的土地、订单、房屋修建、国债、各类贷款等信息。

（二）商业银行和房地产企业信息查询

在商业银行模拟运营决策仿真系统学生端主界面中，点击“信息查询”按钮，进入信息查询界面，商业银行可以进行不同年份个人存款、央票、国债、对公存款、再贷款等信息查询；房地产企业可进行不同年份土地竞标、订单竞标、房屋修建、订单交付、国债竞标、国债登记及高利贷等信息查询，如图 4-40 所示的房地产企业“信息查询”界面。

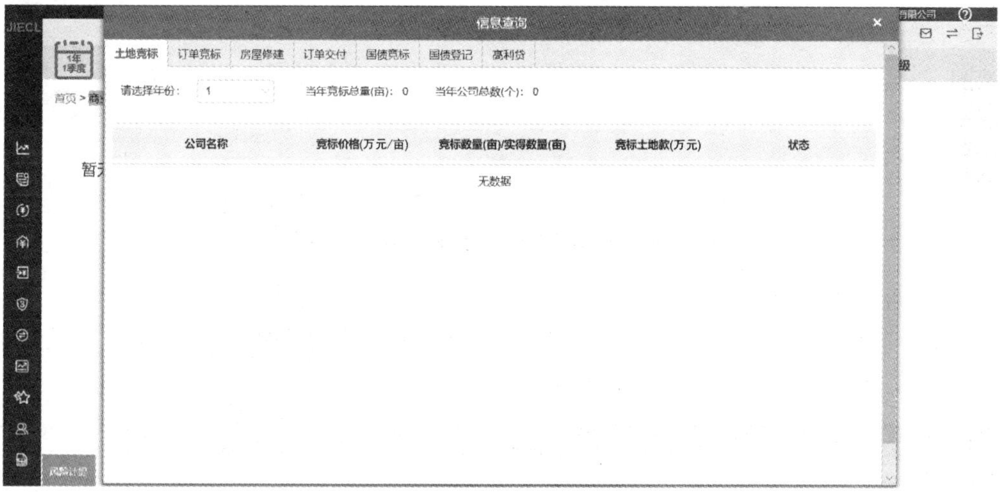

图 4-40　房地产企业“信息查询”界面

三、第一季度业务

在商业银行模拟运营决策仿真系统中，不同的季度会有不同的业务需要处理。在第一季度，央行和银保监会团队将组织商业银行和房地产企业完成个人存款更新、补发消费贷款、商业贷款更新、土地和订单的竞标。其中商业银行主要有商业贷款挂牌、个人存款竞标及个人存款登记、商业贷款办理等业务；房地产企业需先申请商业贷款，主要业务为竞标业务，分为土地竞标和订单竞标。

（一）商业银行商业贷款挂牌

点击“商业贷款挂牌”按钮，进入商业贷款挂牌界面，银行团队按照要求对利率、占用率等指标进行设置，如图 4-41 所示。

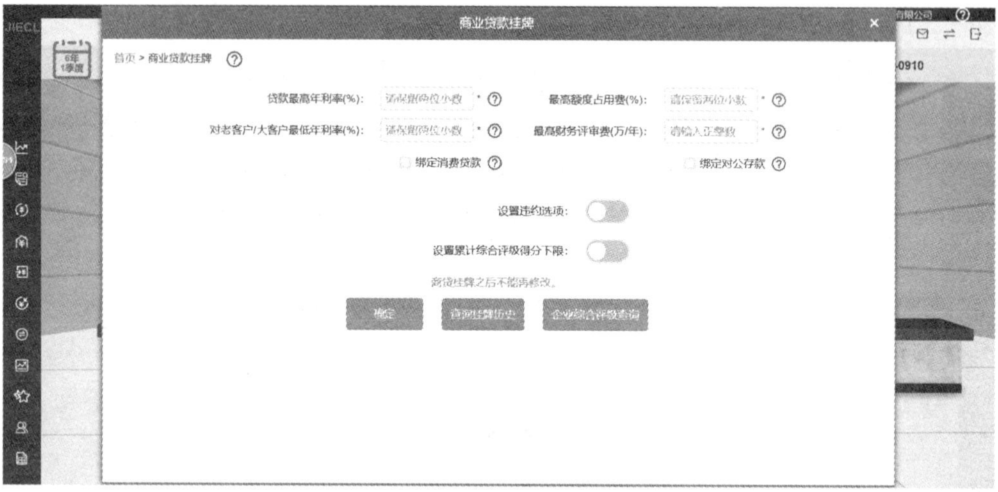

图 4-41　商业银行“商业贷款挂牌”界面

1. 绑定消费贷款

勾选“绑定消费贷款”后，将出现一个最高资金安排费率的参数项，商业银行（团队）根据要求自行设置，如图 4-42 所示。

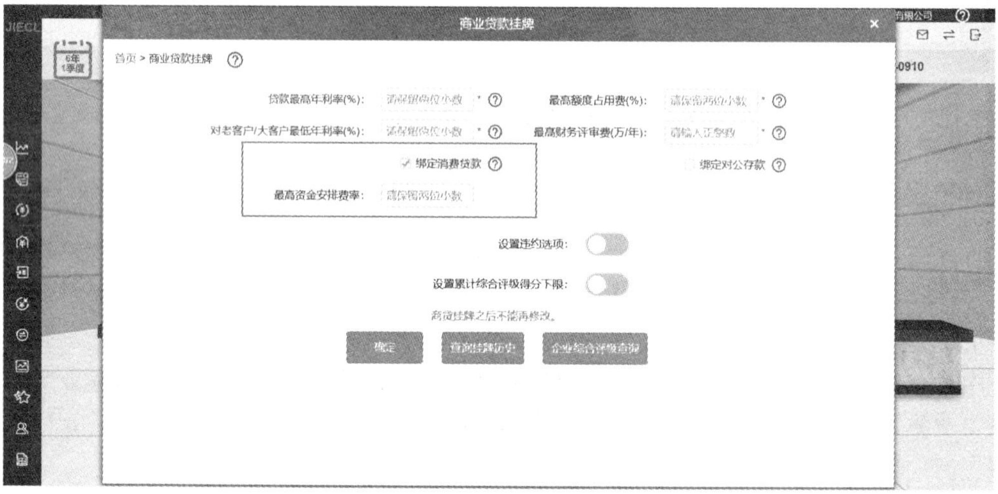

图 4-42　勾选绑定消费贷款界面

2. 绑定对公存款

若勾选“绑定对公存款”后，会出现一个对公存款利率设置的方框，商业银行（团队）根据要求自行填写，如图 4-43 所示。

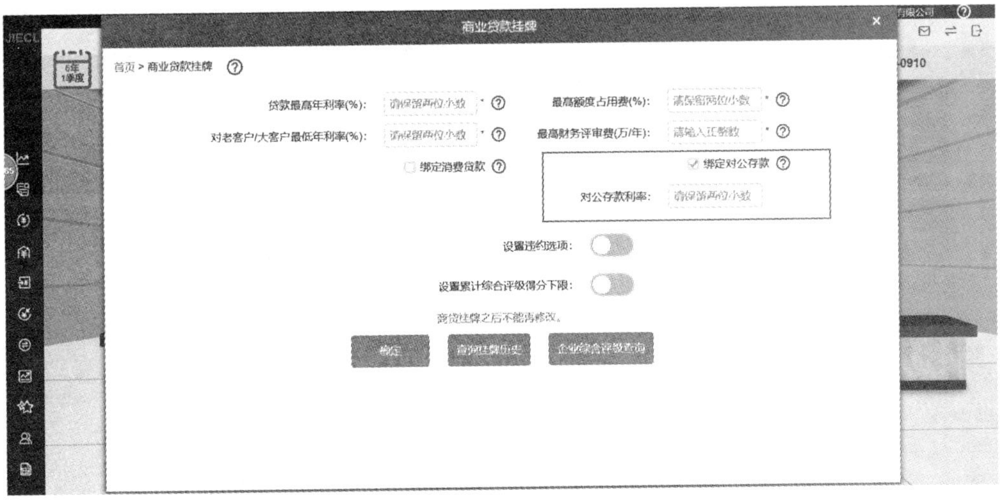

图 4-43　勾选“绑定对公存款”界面

3. 违约设定

如果需要规定提前还款违约事项，可点击“设置违约选项”按钮，会出现违约相关事项，需要设置提前收回贷款违约金比率并填写提前收回贷款的一个说明，如图 4-44 所示。

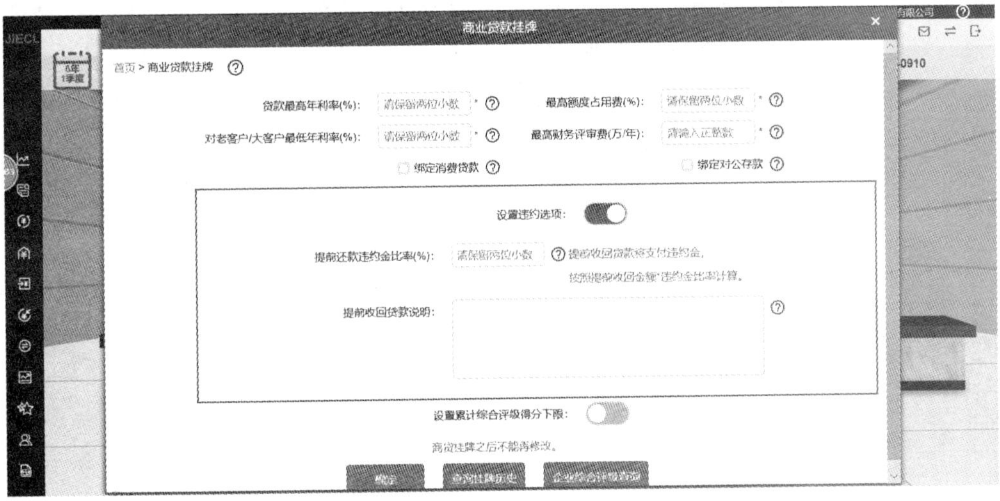

图 4-44　点击“设置违约选项”界面

4. 贷款资格限制

若需要对企业的贷款资格进行考察限制，则需点击“设置累计综合评级得分下限”按钮，需填写以各种方式进行贷款的累计综合评级得分下限以及抵押比率，如图 4-45 所示。

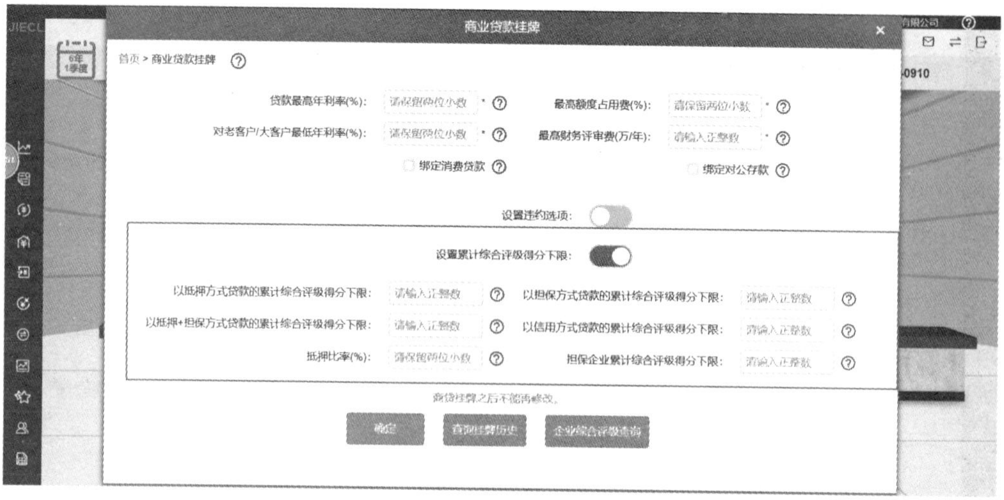

图 4-45　点击“设置累计综合评级得分下限”界面

商业贷款挂牌之后不得再修改。点击“确认”按钮，确定此商业贷款挂牌；点击“查询挂牌历史”，可对以前的商业贷款挂牌历史进行查询；点击“企业综合评级查询”，可对各企业不同年份综合评级情况进行查询。

央行和银保监会（团队）在主界面点击“商业贷款”按钮，在这里央行和银保监会可以查询各商业银行商业贷款的详细信息，也可在该界面点击“商业贷款挂牌结束”按钮，结束商业银行的商业贷款挂牌，如图 4-46 所示。

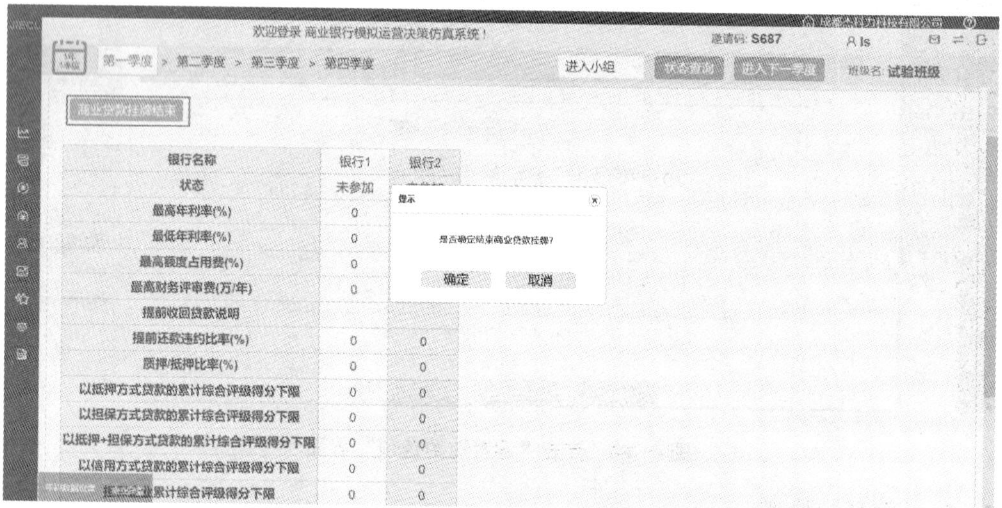

图 4-46　央行和银保监会（团队）“商业贷款挂牌”界面

（二）银行个人存款竞标和登记

1. 央行和银保监会组织个人存款投标

在教师端第一季度的主界面该季度业务按钮中，点击“个人存款竞标”按钮，弹出“个人存款竞标”界面。央行和银保监会在该界面可修改个人贷款竞标各项权重，点击“修改权重”按钮完成权重修改，如图 4-47 所示。

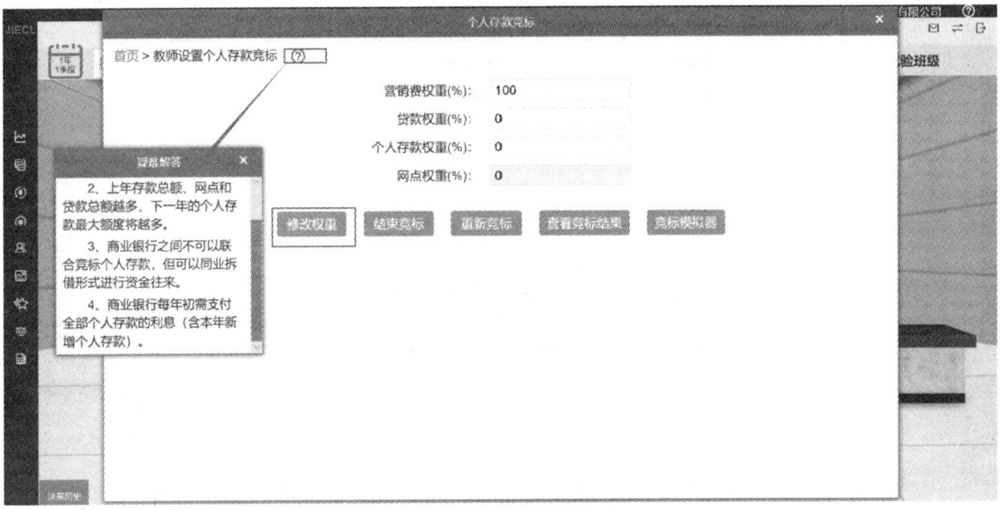

图 4-47　央行和银保监会团队个人存款竞标“修改权重”界面

2. 各商业银行进行个人存款竞标

各商业银行点击主界面的“个人存款竞标”按钮，进入个人存款竞标界面，如图 4-48 所示。各商业银行只能对营销费用进行更改设置。在营销费用栏填入合适数据后，可选择提交竞标。等待竞标结束后，可通过“查询竞标结果”按钮，查询是否中标。

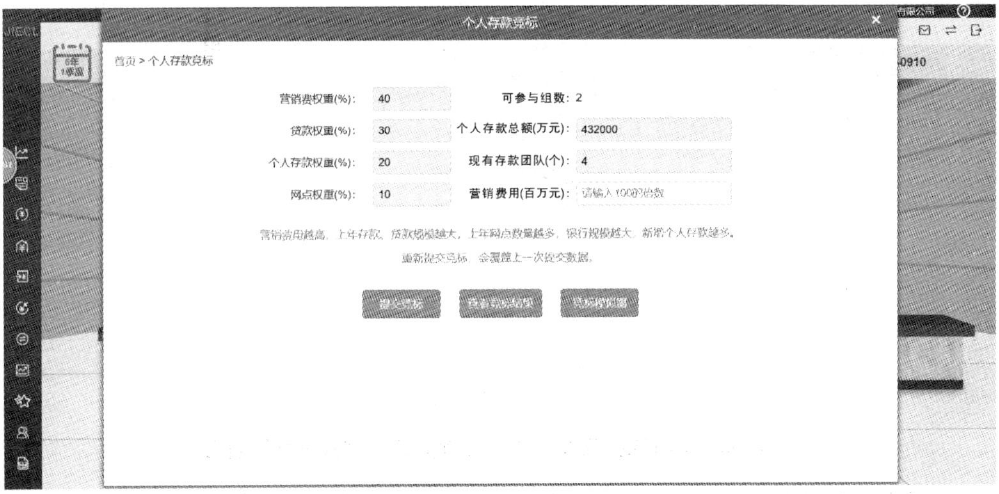

图 4-48　商业银行“个人存款竞标”界面

点击“竞标模拟器”，系统自动为商业银行生成模拟竞标数据，商业银行可选择直接提交模拟竞标，如图 4-49 所示。

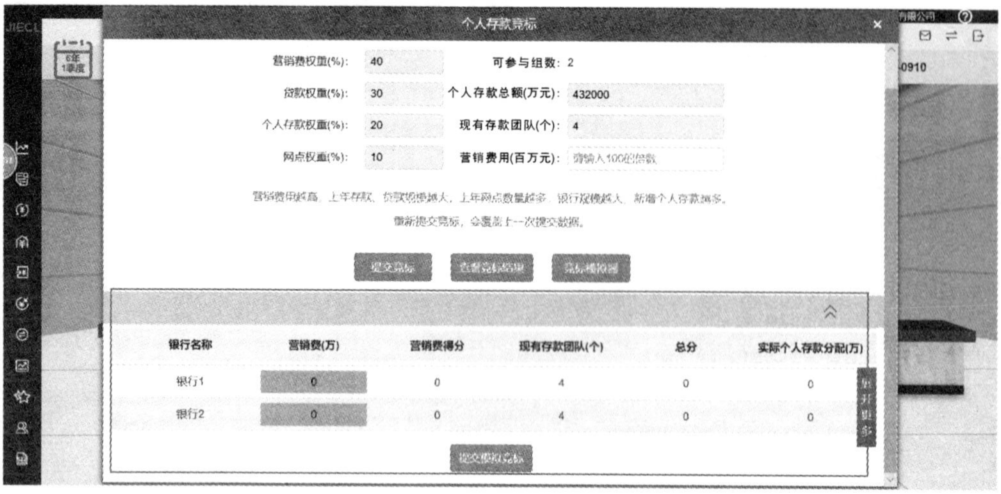

图 4-49　商业银行“竞标模拟器”界面

3. 央行和银保监会宣布个人存款竞标结束

在“个人存款竞标”界面中，待所有银行提交竞标后，央行和银保监会点击“结束竞标”按钮结束本轮竞标，如图 4-50 所示。

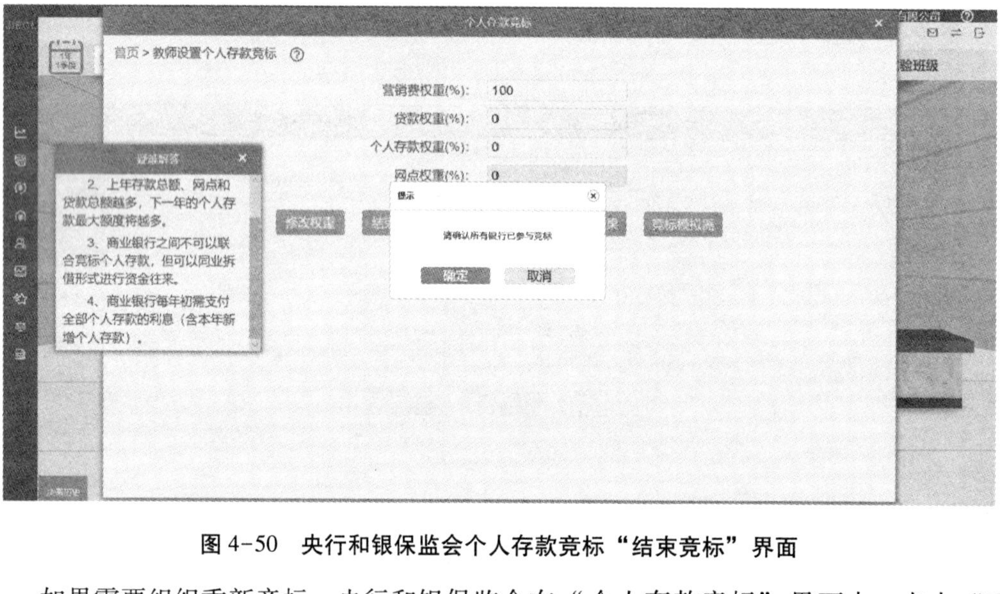

图 4-50　央行和银保监会个人存款竞标“结束竞标”界面

如果需要组织重新竞标，央行和银保监会在“个人存款竞标”界面中，点击“重新竞标”按钮便可重新开始竞标。

央行和银保监会在“个人存款竞标”界面中，点击“查看竞标结果”按钮可查看竞标结果，点击右侧的“展开更多”可查看更为详细的信息，如图 4-51 所示。

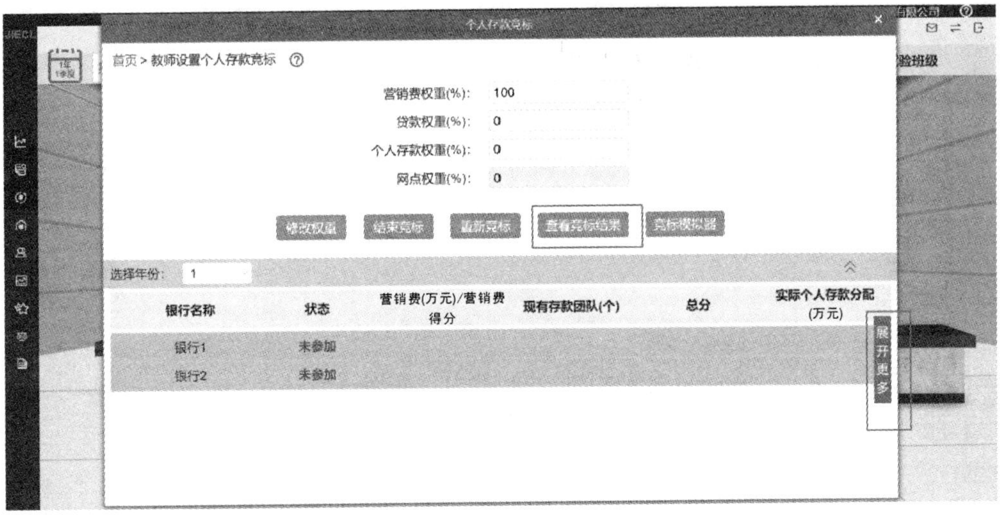

图 4-51　央行和银保监会个人存款竞标“查看竞标结果”界面

4. 个人存款登记

央行和银保监会点击“个人存款登记”按钮，进入“个人存款登记”界面，可在该界面设置不同年限的资金占比，点击“保存登记权重”可保存登记的权重，如图 4-52 所示。

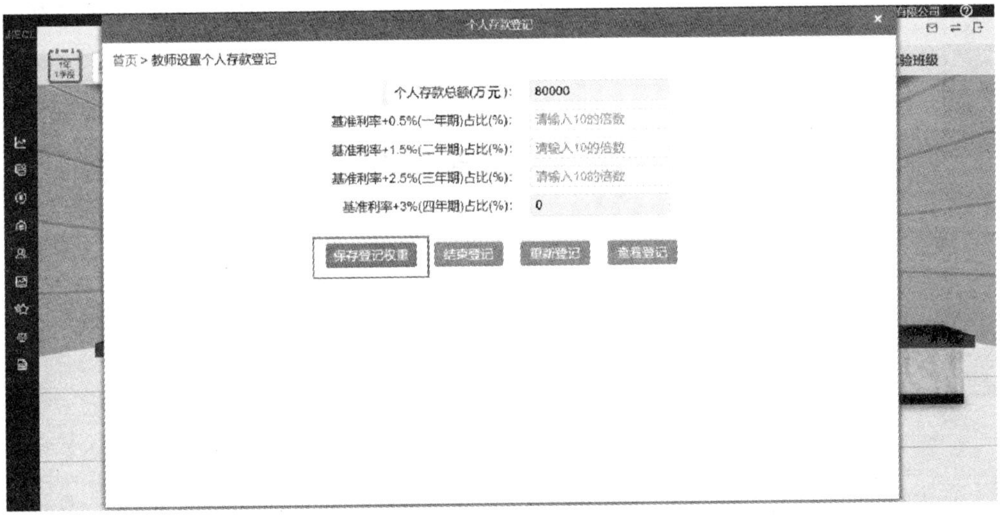

图 4-52　央行和银保监会个人存款登记“修改权重”界面

各商业银行组根据竞标结果，点击“个人存款登记”按钮，进入个人存款登记界面，如图 4-53 所示。各银行可设置个人存款三年期以内的基准存款利率；数据设置完成后，可直接提交登记，也可在该页面选择查看往期登记，以及对利息的简单核算。

图 4-53　商业银行“个人存款登记”界面

央行和银保监会在“个人存款登记”界面中，待所有的商业银行参与登记后，点击“结束登记”，可完成本轮登记，如图 4-54 所示。

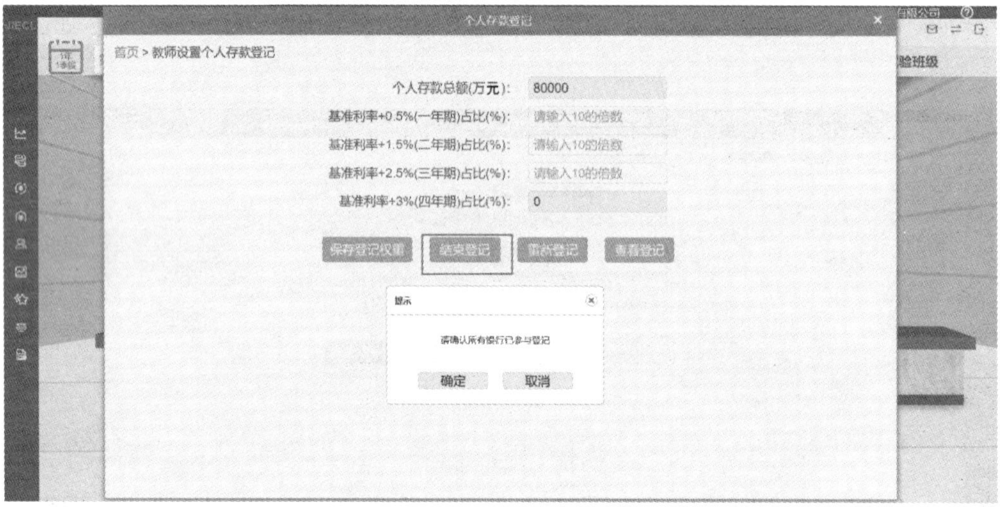

图 4-54　央行和银保监会个人存款登记“结束登记”界面

若央行和银保监会需要重新组织进行个人存款登记，在“个人存款登记”界面中，点击“重新登记”按钮可重新进行登记。

各商业银行结束登记之后，央行和银保监会在“个人存款登记”界面中，点击“查看登记”按钮可查询登记结果，点击右侧“展开更多”按钮可查看更为详细的信息，如 4-55 所示。

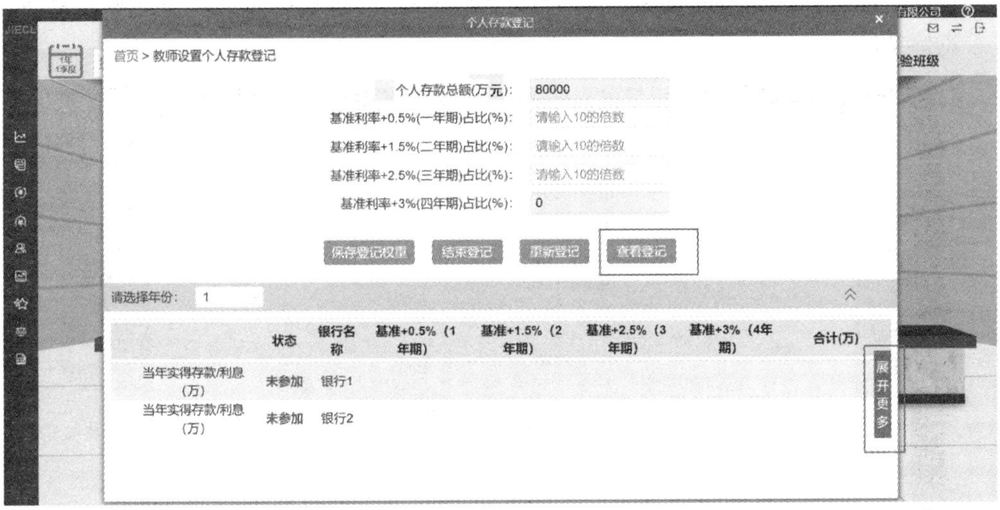

图 4-55 央行和银保监会个人存款登记“查看登记”界面

（三）商业银行和房地产企业商业贷款的办理

房地产企业根据商业银行商业贷款的挂牌条件，商业银行根据房地产企业的贷款综合评价，两者进行贷款的谈判，最终达到一致，签订贷款协议，并将信息录入各自的系统之中。

（四）房地产企业土地竞标

央行和银保监会在主界面的业务按钮中，点击“土地业务”按钮，进入“土地竞标”界面，组织完成土地竞标。在如图 4-56 所示的“土地竞标”界面中，可设置土地底价，点击“修改竞标”即可完成土地竞标底价的修改。

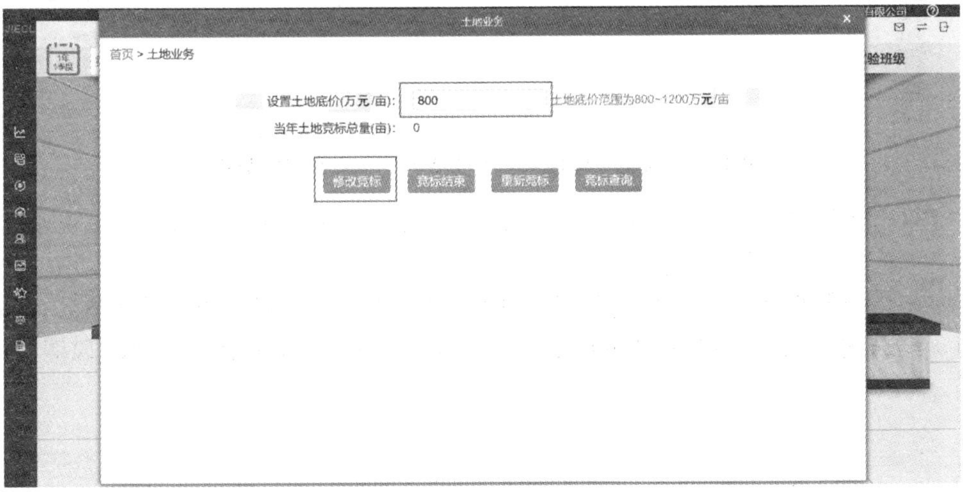

图 4-56 央行和银保监会土地竞标“修改竞标”界面

央行和银保监会设定相关信息后，房地产企业点击“土地竞标”按钮，进入土地竞标界面，如图 4-57 所示。在此界面中，按照规则要求及需要对土地相关竞标参数进行设置后，可以选择“提交竞标”或者“放弃竞标”。提交竞标后，待竞标结束便可查看竞标结果。

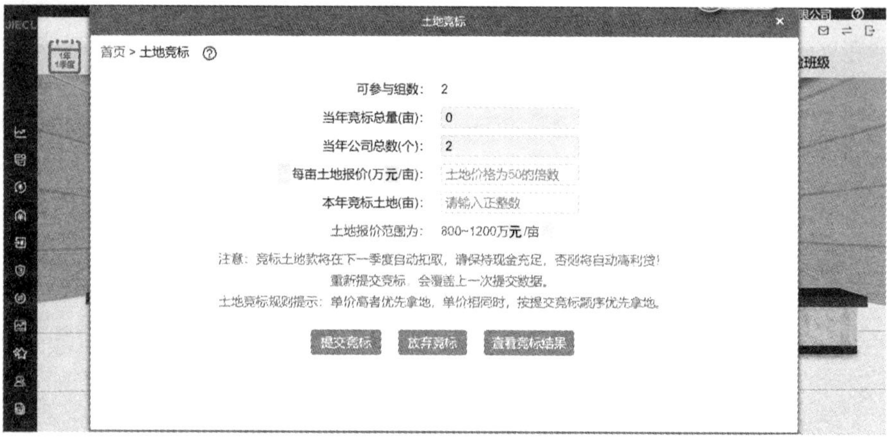

图 4-57　房地产企业“土地竞标”界面

央行和银保监会在“土地竞标”界面中，待确定所有房地产企业已参与竞标后，点击“竞标结束”按钮结束本轮竞标，如图 4-58 所示。

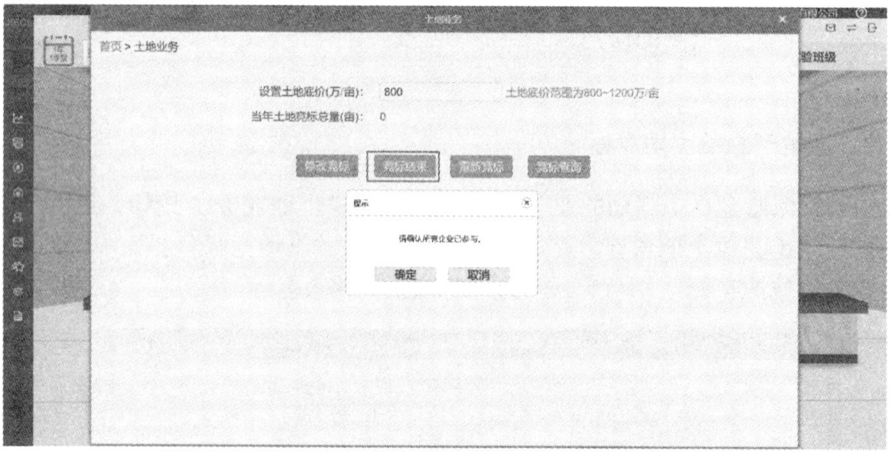

图 4-58　央行和银保监会土地竞标“竞标结果”界面

若央行和银保监会需要重新进行竞标操作，在“土地竞标”界面中，点击“重新竞标”按钮可重新开始竞标。

央行和银保监会在“土地竞标”界面中，点击“竞标查询”按钮可查询各房地产企业竞标情况，点击右侧的“展开更多”按钮可查询更为详细的信息，如图 4-59 所示。

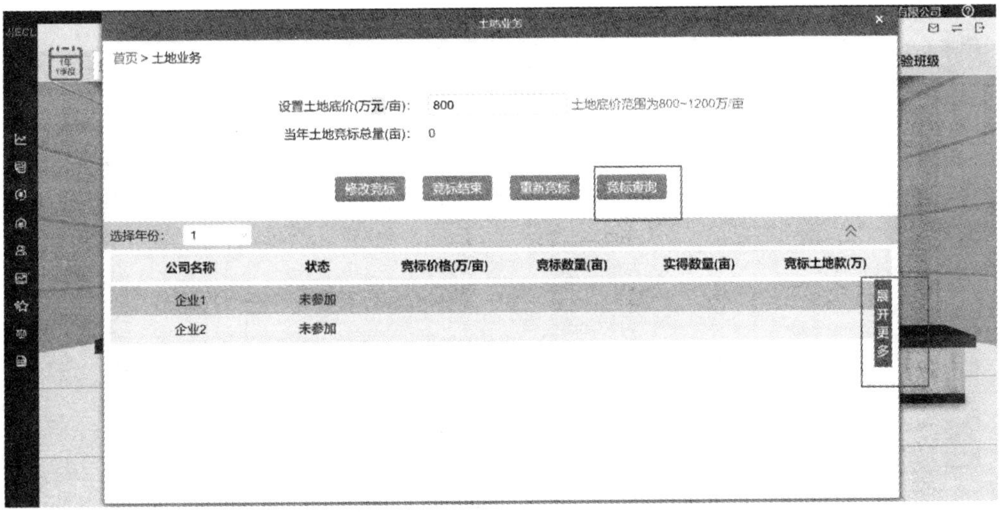

图 4-59　央行和银保监会土地竞标“竞标查询”界面

（五）房地产企业订单竞标

1. 订单竞标开始

房地产企业点击“订单竞标”按钮，进入订单竞标界面，如图 4-60 所示。按照规则要求及需要对订单竞标参数进行设置之后，可以选择“提交竞标”或“放弃竞标”。提交竞标后，待竞标结束便可查看竞标结果。

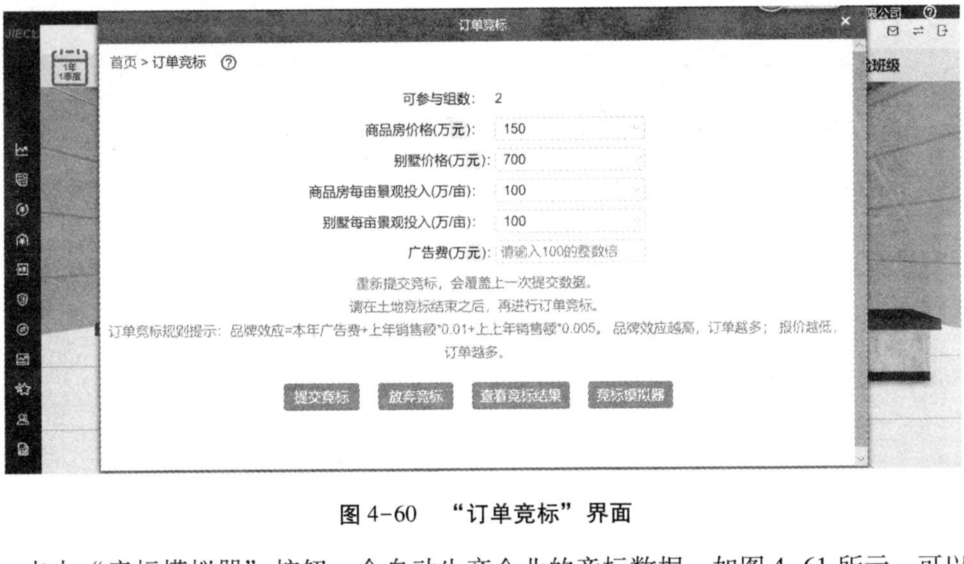

图 4-60　“订单竞标”界面

点击“竞标模拟器”按钮，会自动生产企业的竞标数据，如图 4-61 所示。可以自行对数据进行调整，调整完成后，可以选择提交竞标，待竞标结束后便可查看竞标结果。

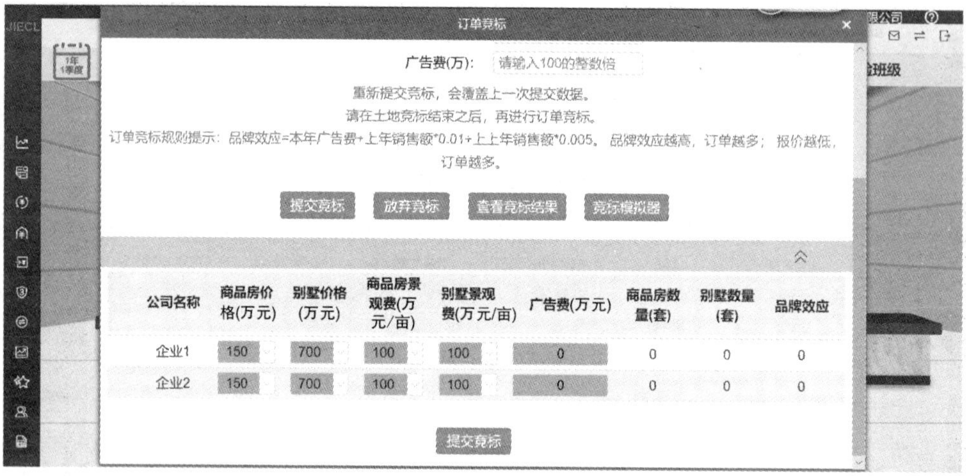

图 4-61 “竞标模拟器”界面

央行和银保监会点击“订单业务”按钮，会弹出订单竞标的下级列表，如图 4-61 所示。

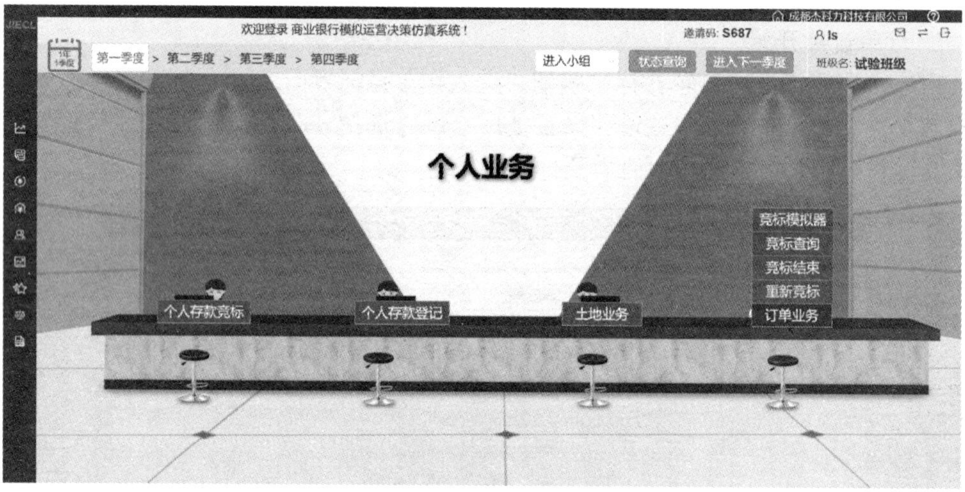

图 4-61 央行和银保监会“订单业务”列表

若教师需要重新进行订单竞标，可在“订单业务”的下级列表中，点击“重新竞标”按钮进行重新竞标的操作。

2. 订单竞标结束

在“订单业务”的下级列表中，点击“竞标结束”按钮可结束本轮竞标，如图 4-62所示。

图 4-62　订单业务“竞标结束”界面

3. 竞标查询

在“订单业务”的下级列表中，点击“竞标查询”按钮，可查询各企业的竞标结果，如图 4-63 所示。

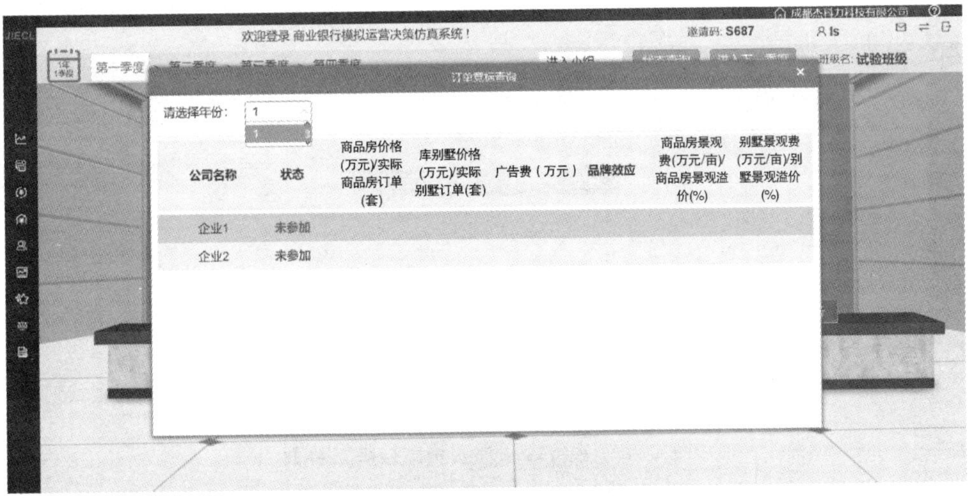

图 4-63　订单业务“竞标查询”界面

第一季度数据填报完成后，商业银行和房地产企业各团队对整体数据进行检查，进入下一季度后，将无法对这一季度的数据进行修改操作。

四、第二季度业务

在第二季度中，央行和银保监会组织商业银行和房地产企业完成“央票”“消费贷款”“修建房屋”等任务。其中，商业银行的业务主要是“央票”“消费贷款”业务，而房地产企业的业务主要是“修建房屋”。

（一）商业银行消费贷款挂牌

商业银行点击如图 4-64 所示的银行端第二季度主界面中的“消费贷款挂牌”按

钮，进入消费贷款挂牌界面，如图 4-65 所示。

图 4-64　银行端第二季度主界面

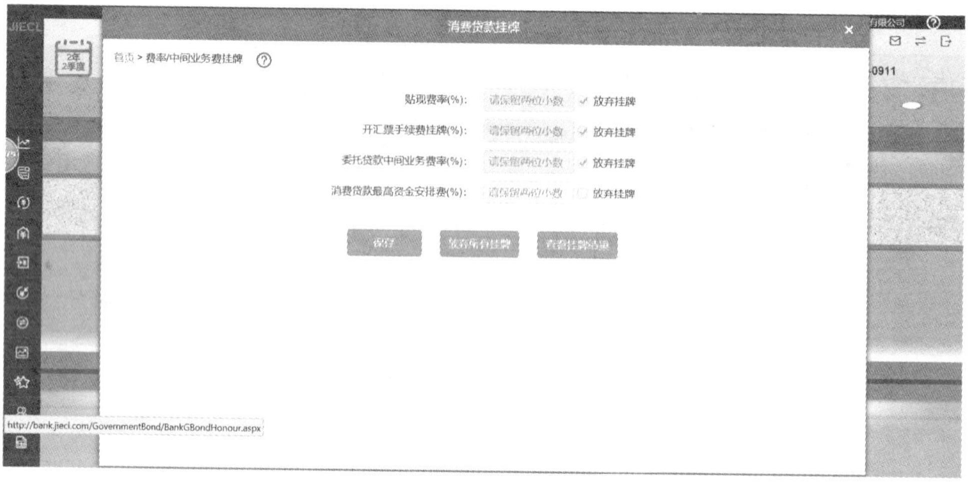

图 4-65　银行端“消费贷款挂牌”界面

商业银行只能选择是否对消费贷款最高资金安排费实行挂牌并设置参数数值。设置好后，可以选择保存，也可直接勾选放弃挂牌。保存挂牌后，等待挂牌结果，可在该页面查看挂牌结果。

央行和银保监会在主界面左侧的导航按钮中，点击“消费贷款”按钮，在这里教师可查询各银行消费贷款的详细信息。在弹出的下级列表中，点击“消费贷款挂牌查询”按钮，可查询各银行的消费贷款挂牌情况，教师也可在该界面点击“消费贷款挂牌结束”按钮，结束银行的消费贷款挂牌。点击“消费贷款审批查询”按钮，可查询各银行的消费贷款审批情况。

（二）央票发行与查询

央行和银保监会第二季度的主界面如图 4-66 所示。

图 4-66　央行和银保监会第二季度主界面

点击“央票发行与查询”按钮，进行央票的发行，如图 4-67 所示。

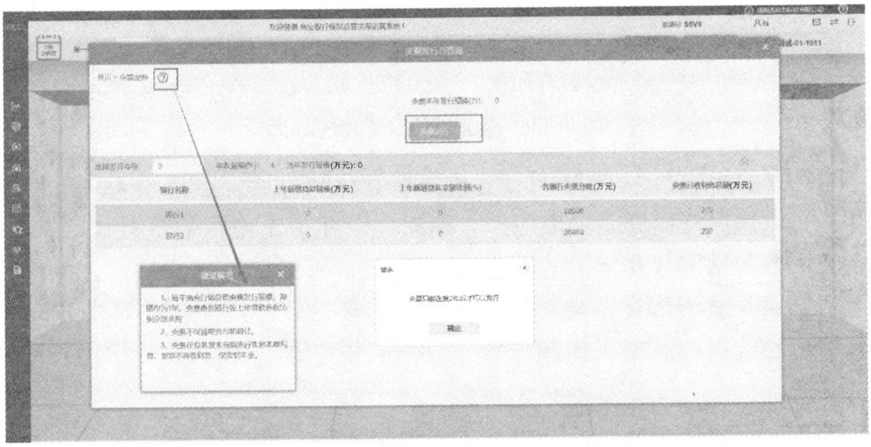

图 4-67　“央票的发行与查询”界面

商业银行点击“央票查询”按钮，进入央票业务界面，可对各年份央票业务进行查询，如图 4-68 所示。

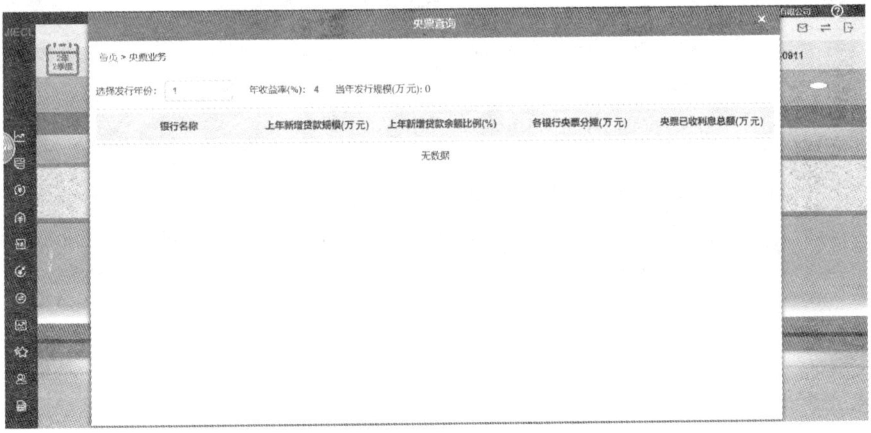

图 4-68　商业银行央票查询界面

（三）房地产企业修建房屋

当进入第二季度时，房地产企业相关业务仅有房屋修建，详见企业端第二季度主界面，如图 4-69 所示。

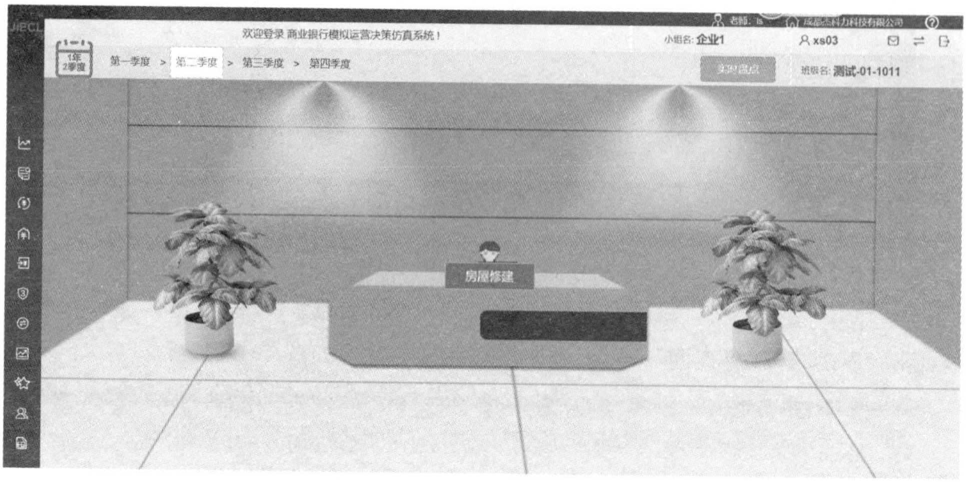

图 4-69　企业端第二季度主界面

根据引导提示，如图 4-70 所示，完成订单竞标结束后，点击图 4-69 的“房屋修建”按钮，进入房屋修建界面。房地产企业只能对建房土地亩数进行修改，包括商品房建房土地亩数和别墅建房土地亩数的投入数量。数据设置完成后，开始修建房屋。通过“查看结果”查看房屋修建结果，并且支持多次修建房屋。在点击“修建房屋”按钮后，填入的数据被清空，房屋修建成功，可继续录入数据修建房屋，如图 4-71 所示。

图 4-70　企业端第二季度引导提示界面

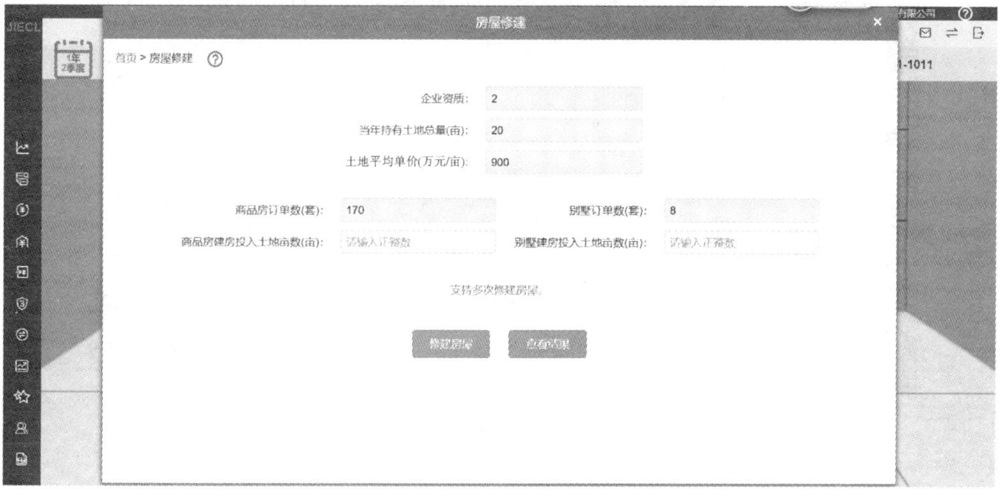

图 4-71 “房屋修建”界面

五、第三季度业务

在第三季度中，商业银行的业务主要是办理消费贷款和对网点和团队进行管理，而房地产企业的业务主要是办理订单交付、办理消费贷款和团队管理。

（一）组织订单交付和消费贷款办理

央行和银保监会宣布订单交付开始。房地产企业点击“订单交付”按钮，进入订单交付界面，如图 4-72 所示。企业只可对商品房交货数量以及别墅交货数量进行设置，按要求对相关数量设置完成后，点击此界面的“订单交付”按钮，完成订单交付。

图 4-72 房地产企业“订单交付”界面

企业订单交付之后，通过“订单交付查询”按钮，可以查询订单交付情况，如图 4-73 所示。企业获得首付款之后，将进行消费贷款的办理。

图 4-73　房地产企业“订单交付查询”界面

央行和银保监会在第三季度的主界面如图 4-74 所示。

图 4-74　央行和银保监会第三季度主界面

点击“订单交付业务”按钮可查询各企业的订单交付情况，点击界面右侧“展开更多”，可了解更为详细的订单情况，如图 4-75 所示。

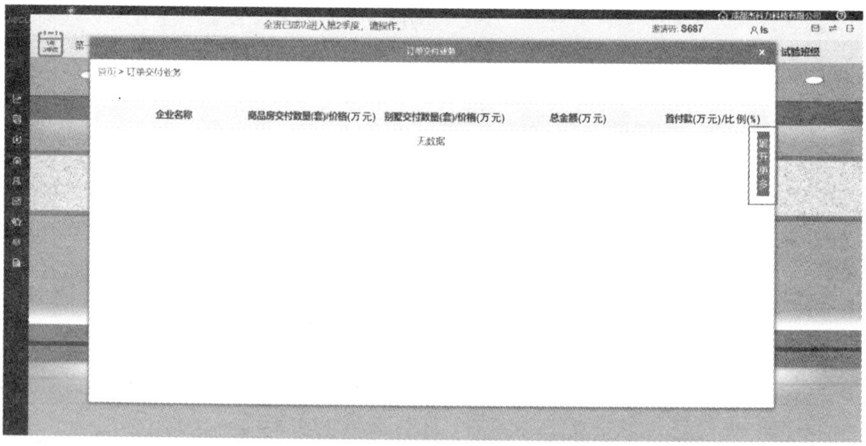

图 4-75　央行和银保监会“订单交付业务”查询界面

订单交付之后，商业银行和房地产企业之间将进行消费贷款业务的办理，签订协议，录入数据。

（二）商业银行网点建设和团队管理

在第三季度中，商业银行可以进行网点建设和团队管理，也可以查询网点状态，如图 4-76 所示。

图 4-76　商业银行网点建设和团队管理界面

商业银行通过点击“⊕”或“⊖”，可实现对网点和团队的新增或减少。新增一个网点，需要支付新建费 100 万元；撤销一个网点，需支付运营费 200 万元和团队工资 600 万元；新增一个团队需要支付招募费 100 万元；解聘一个团队需支付工资 300 万元。

（三）房地产企业团队管理

在房地产企业团队管理界面中，将鼠标放置到“团队管理”按钮上，会出现“团队”按钮，如图 4-77 所示。

图 4-77　房地产企业团队管理界面

1. 解散团队

点击“团队”按钮左边的“⊖”按钮，出现一个询问是否解散团队的对话框，如图 4-78 所示。点击“确认”即表示确认解散选中团队，并支付 1 000 万元工资；点击“取消”，则取消本次操作。

图 4-78　解散团队操作对话框

2. 组建新团队

点击“团队”按钮右边的“⊕”按钮，出现一个询问是否组建团队的对话框，如图 4-79 所示。点击“确定”，表示将花费 100 万元组建一支新团队；点击“取消”，则表示取消本次操作。

图 4-79　组建新团队对话框

六、第四季度业务

央行和银保监会将组织商业银行和房地产企业在第四季度完成企业存款和国债业务。房地产企业可以将多余资金在这一阶段办理企业存款，也可以投资国债。

（一）企业存款业务办理

房地产企业根据银行挂牌的存款利率和吸收存款规模与银行进行谈判以办理企业

存款。在签订协议后，分别点击各自第四季度主界面中的存贷办理进行存款规模和年限的设置，点击“提交”按钮，即完成存款。

（二）国债业务

1. 央行和银保监会设置国债占比和组织竞标

央行和银保监会第四季度主界面如图 4-80 所示。

图 4-80　央行和银保监会第四季度主界面

点击“国债业务”按钮，进入图 4-81 所示界面，设置不同年限的国债占比；点击“保存登记占比”按钮，完成相关设置。

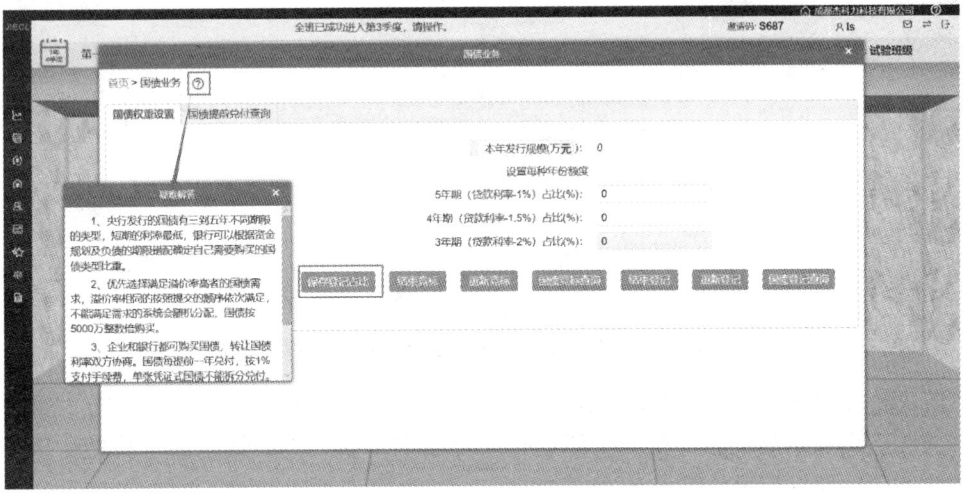

图 4-81　央行和银保监会国债业务“保存登记占比”界面

2. 商业银行和房地产企业竞标国债

商业银行和房地产企业点击第四季度主界面中的“国债竞标”按钮，进入国债竞标界面，如图 4-82 所示。商业银行和房地产企业只能对期望购买规模和愿意支付的购买溢价进行数据设置。数据设置完成后，可以选择提交竞标或者放弃竞标。提交竞标后，等待竞标结果，查看是否中标。

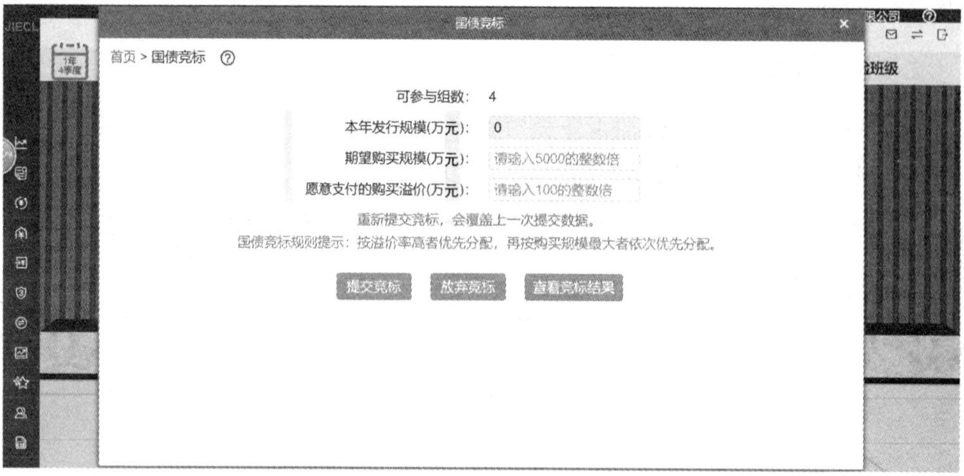

图 4-82　商业银行和房地产企业“国债竞标”界面

3. 央行和银保监会宣布国债竞标结束

央行和银保监会在“国债业务”界面中，待各小组参与竞标后，点击“结束竞标”按钮以结束本轮竞标，如图 4-83 所示。

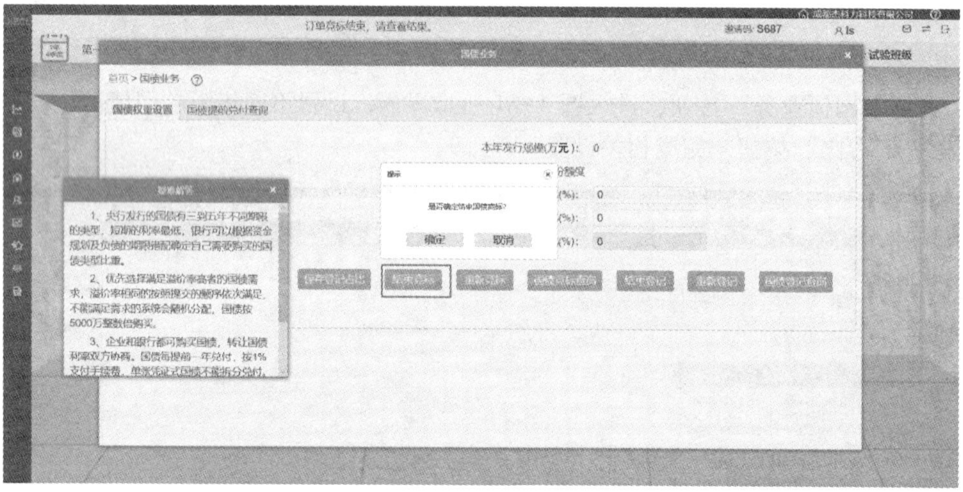

图 4-83　央行和银保监会国债业务“结束竞标”界面

若央行和银保监会需要重新开始竞标，可在“国债业务”界面中，点击“重新竞标”按钮，即可重新开始。在“国债业务”界面中，点击“国债竞标”按钮，可查询各小组的国债竞标情况。

4. 商业银行和房地产企业国债登记

商业银行和房地产企业根据国债竞标结果，点击“国债登记”按钮，进入国债登记界面，如图 4-84 所示。商业银行和房地产企业只能对 5 年期和 4 年期的国债占比进行登记，待登记完成后即可提交登记，在该页面也可查看登记。

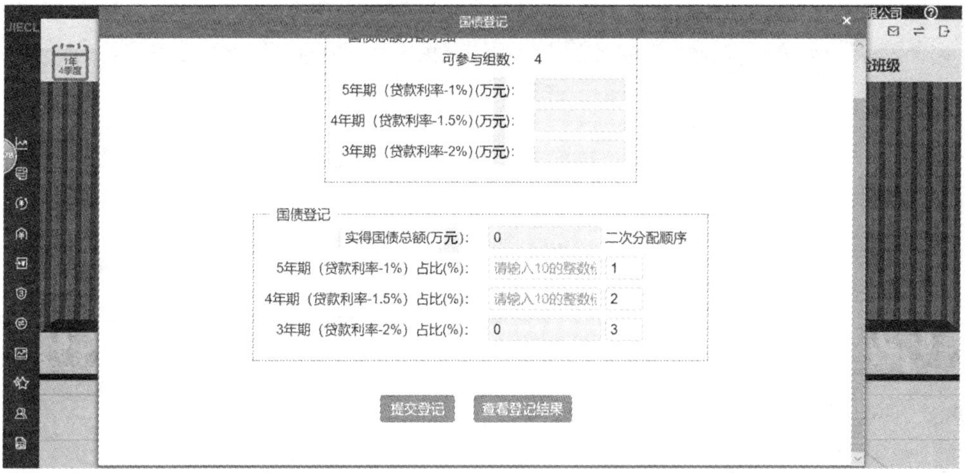

图 4-84　商业银行和房地产企业“国债登记”界面

5. 央行和银保监会结束国债登记

央行和银保监会在“国债业务”界面中，点击“结束登记”按钮，可立即结束登记，如图 4-85 所示。

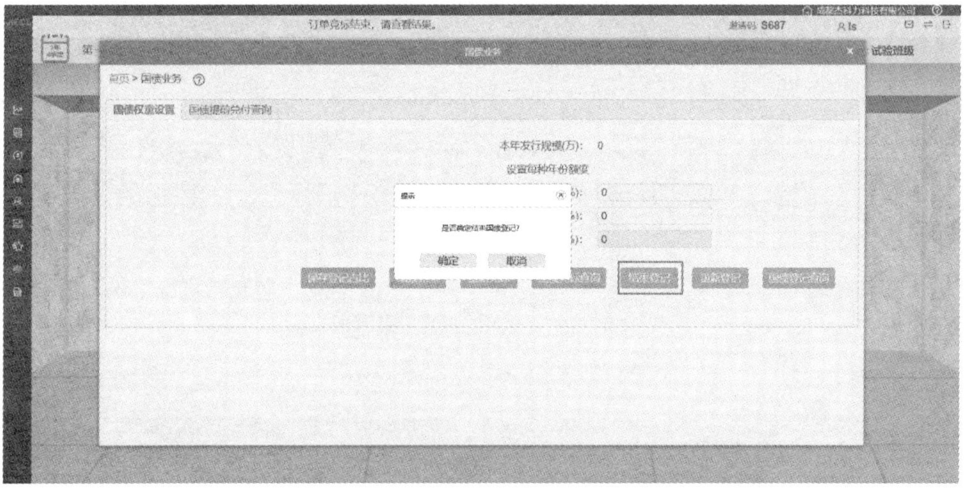

图 4-85　央行和银保监会国债业务“结束登记”界面

若教师重新开始登记操作，可在“国债业务”界面中点击“重新登记”按钮，重新开始登记操作；若教师在“国债业务”界面中点击“国债登记查询”按钮，可查询各小组国债登记情况。详见央行和银保监会“国债业务”界面，如图 4-86 所示。

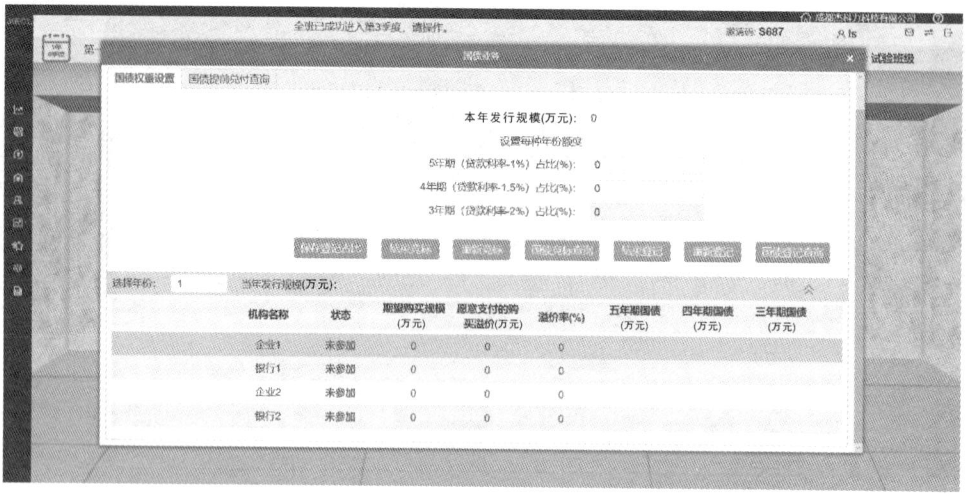

图 4-86　央行和银保监会“国债业务”界面

在“国债业务”界面中，点击“国债提前兑付查询”按钮，可查询各银行的国债提前兑付情况，如图 4-87 所示。

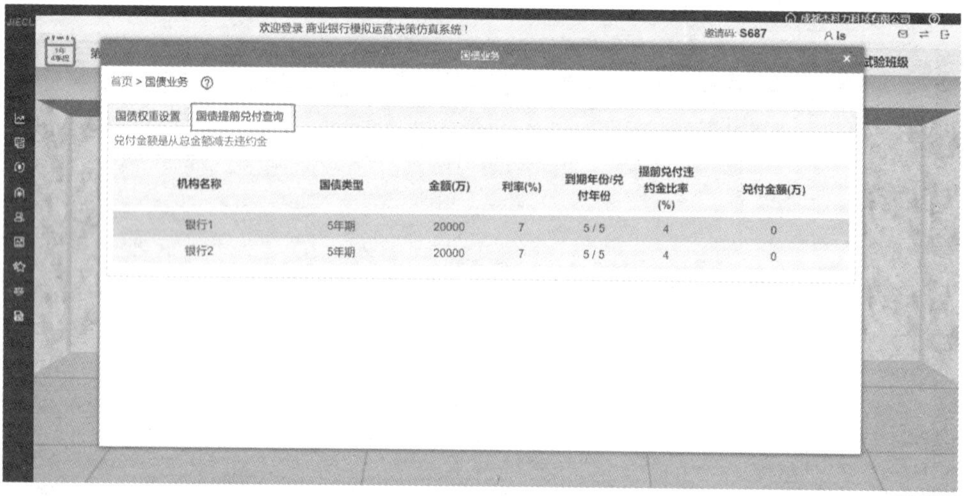

图 4-87　央行和银保监会国债业务“国债提前兑付查询”界面

当第四季度业务完成之后，本年度模拟运营就结束了。央行和银保监会可以点击主界面左侧导航按钮中的“绩效”“教学评分”“奖励罚款”等对商业银行和房地产企业经营进行评定和分析。

第五章 商业银行模拟运营决策仿真系统银行稳健运营决策

■教学要点

了解商业银行实现安全性、盈利性和流动性经营目标的决策过程，掌握衡量各目标的相关指标计算过程及其结果意义，并进行调节以实现商业银行的稳健运营。

第一节　商业银行模拟运营决策仿真系统银行稳健运营分析

一、商业银行稳健运营关键决策点分析

商业银行模拟运营决策仿真系统运营流程如图 5-1 所示。

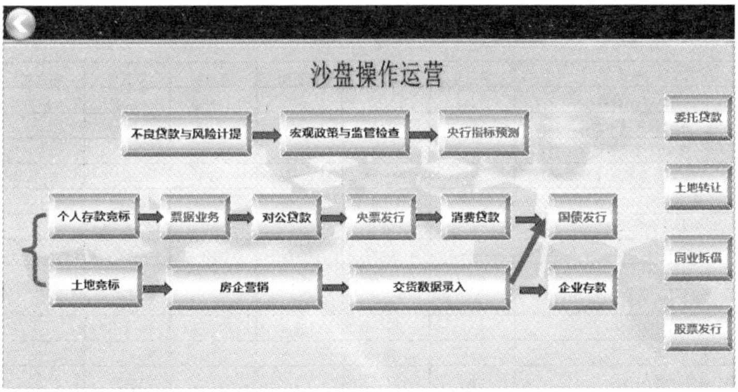

图 5-1　商业银行模拟运营仿真运营流程图

在整个运营过程中，一些关键决策点需要商业银行仔细考虑、理性决策以实现经营目标。

（一）央行和银保监会指标预测

每年年初央行和银保监会根据各商业银行和各房地产企业的经营情况，颁布宏观政策以实现流动性和 CPI 的调控目标。各商业银行和各房地产企业需根据宏观政策进行流动性和 CPI 的预测；尤其是流动性预测的准确性，不仅会影响团队的得分，更重要的是对经济形势的把握和业务经营的决策。

关于流动性的预测和调节，将在本章第六节中进行阐述。

（二）个人存款业务

个人存款是本系统中商业银行的主要资金来源，需要对其吸收规模和期限进行预测分析，同时还要考虑央行和银保监会对流动性的充足状况的监管。

个人存款竞标决策，将在本章第三节中阐述；对流动性的监管应对，将在本章第二节中阐述。

（三）企业贷款业务

企业贷款是本系统中商业银行的主要资金运用，需要对贷款规模、定价等进行预测分析；尤为重要的是贷款的定价需要考虑房地产企业的利润率，因而需要考虑房地产企业包括土地、建房、销售等各方面的决策。与以上内容有关的决策，将在本章第四节中阐述。

企业贷款的决策结果还将直接影响到商业银行的资本充足、资产安全和盈利能力，相关决策将在本章第二节中阐述。

二、案例商业银行概况

本章将商业银行模拟运营决策仿真系统课程中运营了 6 年的一家商业银行作为案例银行，图 5-2 和图 5-3 分别为案例商业银行损益表和案例商业银行资产负债表的结构图。

商业银行损益表　　单位：万元

项目	第一年	第二年	第三年	第四年	第五年	第六年
一、营业收入（不含税）	6500	10700	14600	16300	22700	19500
利息收入（不含税）	4200	7700	11000	12800	18500	17400
理财与投资收益（不含税）	1400	1400	1400	1400	0	0
中间业务收入（不含税）	900	1600	2200	2100	4200	2100
减：利息支出	3300	6800	10900	13500	18900	12700
中间业务支出	0	0	0	0	0	0
二、毛利	3200	3900	3700	2800	3800	6800
减：管理费用	2600	3700	4500	4200	4200	4200
营业费用分摊	100	100	200	200	200	600
资产减值损失	0	0	30000	0	0	0
三、营业利润	500	100	-31000	-1600	-600	2000
加：营业外收入	0	0	0	200	10200	20200
减：营业外支出	0	0	0	0	0	0
四、利润总额	500	100	-31000	-1400	9600	22200
减：所得税	100	0	0	0	0	0
五、净利润	400	100	-31000	-1400	9600	22200
利息收入销项税	300	500	700	800	1100	1000
理财与投资收益销项税	0	0	0	0	0	0
中间业务收入销项税	100	100	100	100	300	100

图 5-2　案例商业银行损益表结构图

商业银行资产负债表　　单位：万元

项目	年初数	第一年	第二年	第三年	第四年	第五年	第六年
资产							
现金	10000	31300	36200	78300	160500	220100	157600
存放中央银行款项	4500	15000	27000	28800	44200	51700	48100
拆出资金		0	0	0	0	0	0
企业贷款	7000	17000	50000	40000	20000	0	0
房产消费贷款		28600	32800	93900	114900	191400	174700
票据		0	0	0	0	16000	15000
理财\信托\股权投资		0	0	0	0	0	0
国债投资	20000	20000	20000	20000	20000	0	0
央票	20000	20000	16000	0	0	0	6000
其他应收款		0	0	0	0	0	0
资产合计	61500	131900	182000	261000	359600	479200	401400
负债和所有者权益							
吸收个人存款	30000	70000	120000	210000	310000	360000	360000
吸收企业存款		30000	30000	30000	30000	110000	10000
向中央银行的借款		0	0	20000	20000	0	0
拆入资金		0	0	0	0	0	0
负债总计	30000	100000	150000	260000	360000	470000	370000
实收资本	25000	25000	25000	25000	25000	25000	25000
盈余公积	6400	6400	6400	6200	-25300	-26700	-17700
一般风险准备余额	100	500	800	1300	1300	1900	1900
当年未分配利润	0	0	-200	-31500	-1400	9000	22200
所有者权益合计	31500	31900	32000	1000	-400	9200	31400
负债和所有者权益总计	61500	131900	182000	261000	359600	479200	401400

图 5-3　案例商业银行资产负债表结构图

第二节　商业银行应对银保监会监管决策

在本系统中，银保监会为了促进银行业的合法、稳健运行，同时还要维护公众对银行业的信心、保护银行业公平竞争以及提高银行业竞争能力对银行经营的安全性、盈利性和流动性等，从五个方面（资产充足、资产安全、盈利、流动性和态度评价）对商业银行进行了监管评级。

一、确保资本充足

资本充足性是银行安全经营的要求。所谓银行资本充足性是指银行资本数量必须超过金融监管当局所规定的能够保障正常营业并足以维持充分信誉的最低限度。在本系统中，资本充足状况满分为 10 分。

（一）资本充足率与核心资本充足率

1. 资本充足率

资本充足率是指，一个银行的资本总额对其风险加权资产的比率。资本充足率是保证银行等金融机构正常运营和发展所必需的资本比率，反映商业银行在存款人和债权人的资产遭到损失之前，该银行能以自有资本承担损失的程度。其计算公式：

$$资本充足率=\frac{核心资本+附属资本}{加权风险资产总额}\times 100\%$$

2. 核心资本充足率

核心资本充足率是指核心资本与加权风险资产总额的比率。其计算公式为：

$$核心资本充足率=\frac{核心资本}{加权风险资产总额}\times 100\%$$

在本系统中，这两项指标最高得分均为 5 分；同时，比率排名第一的得最高分 5 分，依次递减。但是当资本充足率低于 12%且核心资本充足率低于 8%时，两项指标得分均为 0。

（二）核心资本和附属资本

商业银行的资本，包括核心资本和附属资本。

1. 核心资本

核心资本又叫一级资本，它是银行可以永久使用和支配的自有资金。在本系统中，核心资本包括实收资本、盈余公积和当年未分配利润。

2. 附属资本

附属资本又叫二级资本，它是衡量银行资本充足状况的指标。在本系统中，附属资本包括一般风险准备（普通准备金），仅指贷款损失准备，按照全部贷款余额的 1%计提。

（三）风险加权资产计量

银行将全部资产按照监管规定的类别进行分类，采用监管规定的风险权重计量信用风险加权资产。在本系统中，银行沙盘表内资产及其权重如表 5-1 所示。

表 5-1　银行沙盘表内资产及其权重

<table>
<tr><th colspan="2">类别</th><th>权重（%）</th></tr>
<tr><td colspan="2">现金</td><td>0</td></tr>
<tr><td colspan="2">存放央行款项</td><td>0</td></tr>
<tr><td colspan="2">拆出资金</td><td>25</td></tr>
<tr><td colspan="2">企业贷款</td><td>100</td></tr>
<tr><td colspan="2">房产消费贷款</td><td>50</td></tr>
<tr><td colspan="2">票据</td><td>100</td></tr>
<tr><td rowspan="3">股权投资</td><td>对银行的股权投资（未扣除部分）</td><td>250</td></tr>
<tr><td>被动持有房地产企业股权投资</td><td>400</td></tr>
<tr><td>对工商企业其他股权投资</td><td>1 250</td></tr>
<tr><td colspan="2">国债投资</td><td>0</td></tr>
<tr><td colspan="2">央票</td><td>0</td></tr>
<tr><td colspan="2">其他应收款</td><td>100</td></tr>
</table>

由表 5-1 中的权重可知，股权投资的权重最大，即商业银行进行股权投资将会大幅降低资本充足率和核心资本充足率。

（四）资本充足率与核心资本充足率的调节

在商业银行模拟运营决策仿真系统中，第一年经营结束后，各商业银行的资本充足率为__________%，核心资本充足率为__________%。其计算过程如下：

$$资本充足率=\frac{核心资本+附属资本}{加权风险资产总额}\times 100\% =$$

$$\frac{25\,000+6\,400+500}{31\,300\times 0\%+15\,000\times 0\%+17\,000\times 100\%+28\,600\times 50\%+20\,000\times 0\%+20\,000\times 0\%}\times 100\%$$

$$核心资本充足率=\frac{核心资本}{加权风险资产总额}\times 100\% =$$

$$\frac{25\,000+6\,400}{31\,300\times 0\%+15\,000\times 0\%+17\,000\times 100\%+28\,600\times 50\%+20\,000\times 0\%+20\,000\times 0\%}\times 100\%$$

请根据图 5-3 计算该银行第三年的资本充足率__________和核心资本充足率__________。

银行的资本充足率和核心资本充足率受到银行资本和风险加权资产的影响。图 5-3 的商业银行在第三年经营结束后，其资本充足率与核心资本充足率均不达标，甚至核心资本充足率为负的情况。该银行由于缺乏经营经验，在第二年期初为某企业提供贷款 30 000 万元的长期贷款，其中 10 000 万元签订期限为 3 年期，第五年归还；另外 20 000万元签订期限为 4 年期，第六年归还。由于企业经营决策出现问题，第二年经营结束后到第五年经营结束，该企业贷款被认定为损失类贷款，导致该银行第三年专项计提达到了 30 000 万元，而且企业在贷款期限内无力偿还贷款，直到第六年经营结束后，该企业贷款才被评价为次级类。从损益表中可以看出，第三年资产减值损失即专项计提为 30 000 万元，直接导致了企业净利润为-31 000万元，使得其未分配利润为-31 500万元，当年核心资本为-300 万元，资本为 1 000 万元，资本充足状况不达标；由于第四年的盈余公积取决于第三年的盈余公积和未分配利润，再加上该银行没有做其他的调节，使得第四年资本状况进一步恶化。到了第五年和第六年，银行收回了贷款，转变经营策略只做消费贷款和票据业务，使得资本充足率得到提升，净利润逐步提升。

1. 银行资本的调节

系统中，银行资本包括了实收资本、盈余公积、当年未分配利润和一般风险准备余额。增加资本可以提升资本充足率和核心资本充足率。

（1）实收资本。

系统中，银行的实收资本初始状态设定 25 000 万元，也可由教师进行调整设定。当银行预计资本充足状况不能达标时，应当发行股票增加实收资本。就案例银行来看，当银行无法提前追回企业贷款时，应当发行股票增加实收资本。

（2）盈余公积。

系统中，本年度盈余公积=上年盈余公积+上年未分配利润。

盈余公积初始状态设定为 6 400 万元，也可由教师进行调整设定，这样盈余公积的变化主要受未分配利润变化的影响。

（3）一般风险准备余额。

系统中，一般风险准备仅指贷款损失准备，按全部贷款（企业贷款和消费贷款）余额的 1%计提。当银行贷款余额越多，该项值越大，但另一方面贷款数额多也会使分母变大。由于计提比例只有 1%，而风险加权资产企业贷款权重为 100%，消费贷款权重为 50%，贷款的增加将导致资本充足状况恶化。

（4）当年未分配利润。

未分配利润是指商业银行的税后利润扣除优先股股息和普通股股息之后的余额。

未分配利润与银行净利润息息相关，直接影响盈余公积。对案例银行利润造成最大影响的就是银行贷款的专项计提，在第五年由于计提的10 000万元贷款归还，银行净利润才由负转正。

由此可见，在银行正常经营过程中，如果要保证资本充足状况，那么对企业贷款的正确评价非常重要。当出现非正常类贷款、计提专项损失而且企业当年没有偿还贷款的情况下，商业银行务必发行股票增加实收资本，以确保资本充足。

2. 银行资产的调节

由表5-1可知，银行资产中权重系数为0能够带来收益的资产为拆出资金、国债和央票投资，增加这几项资产可以降低风险加权资产数额，提高资本充足率，但这几项的收益率不高。消费贷款利率为当年基准利率，收益率虽然低于企业贷款，但收益率稳定且权重系数为50%，可以降低资本充足率减少的风险。

综上所述，银行如果要确保资本充足，那么务必加强对企业贷款的评价，注意贷款期限，尽快追回非正常类贷款，提高净利润；当非正常类贷款确实无法在当年追回，最有效的调节方法就是发行股票，增加实收资本。

二、确保银行资产安全

系统中，用于衡量商业银行资产安全的指标为不良贷款率和拨备覆盖率。系统中，资产安全状况得分满分为15分。不良贷款率越低则得分越高，最高为10分，最低0分；如果企业无贷款或者忘记在风险计提模块录入企业贷款，那么也得0分。拨备覆盖率越高则得分越高，最高为5分；如果银行没有不良贷款，其拨备覆盖率得分也为5分。

（一）不良贷款率及其调节

1. 不良贷款率

不良贷款率是指金融机构不良贷款占总贷款余额的比重，是评价金融机构信贷资产安全状况的重要指标之一。不良贷款率越高，说明银行无法收回的贷款占总贷款的比例越大。其计算公式如下：

$$不良贷款率=\frac{不良贷款}{贷款余额}\times 100\% =$$

$$\frac{次级类贷款+可疑类贷款+损失类贷款}{贷款余额}\times 100\%$$

由案例银行资产负债表可知第二年企业贷款__________万元，消费贷款__________万元，第二年经营结束后，第三年年初在教师端专项计提模块计算的不良贷款为30 000万元，不良贷款率=__________。

国际通行标准认为，金融机构的不良资产率的警戒线为10%，由计算结果可知该银行不良贷款率偏高，需要及时调节。

2. 不良贷款率的调节

由计算公式可知，如果要降低银行的不良贷款率，那么一方面应当减少不良贷款，另一方面通过贷款增加以拉动不良贷款率下降。

（二）拨备覆盖率及其调节

1. 拨备覆盖率

拨备覆盖率是指实际上银行贷款可能发生的呆账、坏账准备金的使用比率。不良贷款拨备覆盖率是指衡量商业银行贷款损失准备金计提是否充足的一个重要指标，考察的是银行财务是否稳健，风险是否可控。该项指标从宏观上反映银行贷款的风险程度及社会经济环境、诚信等方面的情况，该比率最佳状态为100%。目前，对于一些银行，中国银保监会要求拨备覆盖率达150%，是比拨备充足率（100%）更审慎的要求。其计算公式如下：

$$拨备覆盖率=\frac{一般准备+专项准备+特种准备}{次级类贷款+可疑类贷款+损失类贷款}\times 100\%$$

在本系统中，特种准备假定为0万元。

由案例银行资产负债表和损益表可知，第二年一般准备__________万元，专项准备__________万元，第二年经营结束后，第三年年初在教师端专项计提模块计算的不良贷款为30 000万元，拨备覆盖率=__________。

由计算结果可知该银行拨备覆盖率严重不足。

2. 拨备覆盖率的调节

案例银行第二年拨备覆盖率严重不足，究其原因在于本系统中第二年发生的不良贷款专项计提，要在第三年年初进行。因此在第三年经营结束后，一般准备__________万元，专项准备__________万元，不良贷款为30 000万元，拨备覆盖率=__________。此时拨备覆盖率达到银保监会的相关要求。

系统中，一般准备为企业当年贷款余额；专项准备由系统根据各银行上报的企业贷款自动计算给出。

专项准备=关注类贷款×2%+次级类贷款×25%+可疑类贷款×50%+损失类贷款×100%

当企业贷款均为损失类贷款时，按照100%进行计提专项准备，可以保证拨备覆盖率达到100%的最佳状态；当企业贷款均为次级类或可疑类贷款时，由于专项计提比例为25%和50%，拨备覆盖率将低于100%。因而，本实验中拨备覆盖率的得分按照其高低给分。

三、提升盈利能力

在商业银行模拟运营决策仿真系统中，用于衡量商业银行盈利状况的指标为资本收益率和资产收益率。在本系统中，盈利状况得分满分为40分。资本收益率越高则得分越高，最高者得满分20分，依次递减，最低得0分；如果企业股东权益为负，直接得0分。资产收益率越高则得分越高，最高为20分，依次递减，最低得0分。

（一）资本收益率及其调节

1. 资本收益率

资本收益率又称资本利润率，是指企业净利润（即税收利润）与平均资本（即资本性投入及其资本溢价）的比率。用以反映企业运用资本获得收益的能力，是对企业经济效益的一项评价指标。资本收益率越高，说明企业自有投资的经济效益就越好，投资者的风险越小，值得继续投资。系统中，资本收益率的计算公式如下：

$$资本收益率=\frac{净利润}{股东权益}\times 100\%$$

由图 5-2 和图 5-3 可知，第一年经营结束后，案例银行净利润__________万元，股东权益__________万元，资本收益率__________%；第三年资本收益率__________%，第四年其股东权益为负，得分为 0。

2. 资本收益率调节

依据资本收益率的公式可知，提高银行的资本收益率主要途径为提高银行的净利润，股东权益与资本充足状况密切相关，银行不应当通过减少股东权益来提高这一指标。净利润计算公式如下：

净利润=不含税营业收入-利息支出-中间业务支出-管理费用-营业费用分摊-资产减值损失+营业外收入-营业外支出-所得税

由公式可知，净利润即是银行的收入-银行的支出。

贷款利息收入是商业银行营业收入的最主要来源。受央行监管的要求限制，贷款利率不能超过基准利率的 4 倍，即当贷款基准利率为 8%时，贷款利率最高不能超过 32%；另外，系统中高利贷利率为 30%，企业向银行借款时，如果额度占用费和财务评审费为 0，那么其贷款利率不可能高于 30%；同时，企业也会根据其盈利状况来确定筹资成本，实验中限定的房地产企业利润率无法达到 30%以上。本实验中，营业外收入包括奖励、操作收入、已计提损失的贷款收回、违约金等，其中已计提损失的贷款收回（专项计提）数额较大，对银行净利润影响大。案例银行在第五年和第六年由于计提损失贷款收回，大幅提高了其净利润。

银行支出中，利息支出中最主要的是个人存款利息支出，个人存款的数量越多、期限越长，该项值越大。从图 5-2 和图 5-3 可以看出第三年开始案例银行个人存款数额不断增加，利息支出超过了 10 000 万元，最多达 18 900 万元。虽然利息支出数额多，但是当银行由于经营决策失误发放了 30 000 万元的损失类贷款，直接导致资产减值损失达 30 000 万元，使净利润大幅下降。因此，就银行经营来看，企业贷款的综合评价对于银行经营的盈利性非常重要。

（二）资产收益率及其调节

1. 资产收益率

资产收益率又称资产回报率，它是用来衡量每单位资产创造多少净利润的指标，是业界应用最为广泛的衡量银行盈利能力的指标，该指标越高则说明资产利用效果就越好。在本系统中，资产收益率的计算公式如下：

$$资产收益率=\frac{净利润}{资产总计}\times 100\%$$

由图 5-2 和图 5-3 可知，第一年经营结束后，案例银行净利润__________万元，资产总计__________万元，资产收益率__________%。净利润为负时，资产收益率为负。

2. 资产收益率的调节

依据资产收益率的公式可知，提高银行的资产收益率可以通过提高银行的净利润或减少资产数额来实现。

净利润计算中的营业收入是由资产带来，但现金资产和存在央行的款项不能给银行带来收益，因而银行现金不宜过多，尽量形成其他资产业务以增加收入及增加净利润；净利润计算中的利息支出主要是个人存款利息。当银行吸收了过多的个人存款时，支付了相应的利息，减少了净利润；此时，如果不能将资金贷放出去或者投资，将会减少收入，减少净利润，降低资产收益率。另外，由不良贷款带来的资产减值损失（专项计提）将大幅降低净利润，影响资产收益率。因而，银行必须重视对企业贷款的评价。

四、确保流动性充足

系统中，用于衡量商业银行流动性的指标为存贷比和超额准备金比率。系统中，流动性得分满分为15分。存贷比越低则得分越高，最高者得满分10分，依次递减，最低得0分；如果存贷比高于75%或者出现空格，直接得0分。超额准备金比率越高则得分越高，最高为5分，依次递减，最低得0分。

（一）存贷比及其调节

1. 存贷比

存贷比应该称为贷存比，是银行贷款总额与存款总额的比率。从银行盈利的角度来看，存贷比越高越好，因为存款需要支付利息，如果一家银行存款多而贷款少，意味着该银行成本高，盈利能力差；从银行抵抗风险的角度来看，存贷比不易过高，因为银行还需要应付客户日常现金使用和日常结算，必须留有一定的库存现金和存款准备金，如果存款比过高，这部分资金就会不足，导致银行支付危机。系统中，存贷比的计算公式如下：

$$存贷比=\frac{消费贷款余额+企业贷款余额}{个人存款余额+企业存款余额+同业存款}\times 100\%$$

由图5-3可知，第一年经营结束后，案例银行消费贷款余额为__________万元，企业贷款余额为__________万元，个人存款余额为__________万元，企业存款余额为__________万元，存贷比为__________%；第四年为__________%、第五年为__________%。

2. 存贷比调节

根据存贷比的公式，迅速降低存贷比的方法无非是两种：一种是减少贷款余额；另一种是增加存款余额。贷款是银行收入的主要来源，减少放贷不太现实，因而银行能够做而且也愿意做的就是全力吸收存款。

系统中，存款额度受当年银行存款团队数量影响。在一个经营年度，存款额度充足的情况下，个人存款偿还和吸收在年初完成，当经营中银行发放了过多的贷款时，为了降低存贷比，必须在经营即将结束时，争取企业存款。

存贷比低说明银行流动性充足，抗风险能力强，但同时银行必须注意贷款少时，存贷比虽然低，但盈利能力受较大影响。案例银行第四年和第五年存贷比是实验中各商业银行最低的，但盈利状况也是最差的。

（二）超额准备金比率及其调节

1. 超额准备金比率

超额准备金比率是指商业银行超过法定存款准备金而保留的准备金占全部存款的比率。从形态上看，超额准备金可以是现金，也可以是具有高流动性的金融资产。系统中，超额准备金比率的计算公式如下：

$$超额准备金比率=\frac{除准备金外存放在央行的其他存款+库存现金}{个人存款余额+企业存款余额+同业存款}\times 100\%$$

系统中，银行资产中的存放央行款项仅包括法定存款准备金，即超额准备金以库存现金形式出现。由图 5-3 可知，第一年经营结束后，案例银行各项存款余额为__________万元，存款现金为__________万元，超额准备金比率为__________%；第四年为__________%；第五年为__________%。

2. 超额准备金比率的调节

根据超额准备金比率的计算公式，提高超额准备金比率可以通过增加库存现金或者减少存款余额实现，但是存款是银行经营者资金的主要来源，而且现金也来源于存款。因而，提高超额准备金率的主要途径就是增加库存现金。

库存现金数量多有助于提高银行的流动性，但是现金资产不能给银行带来收益，影响银行的利润。在实验中，由于年初银行需要偿还到期的个人存款，当银行该比率偏低时，出现了流动性不足的情况，只能向央行申请再贷款以偿还到期的个人存款，影响了银行的得分。

五、态度评价

系统中，用于衡量商业银行态度的指标为业务完成规范（速度）和理念抢答得分。系统中，业务完成规范（速度）得分满分为 10 分。在教师规定的时间内完成运营并上传报表的银行，得满分 10 分；在教师规定的时间之后完成运营并上传报表的银行，每延误 5 分钟扣 1 分；最低得 0 分。抢答次数越高则得分越高，最高为 10 分，依次递减，最低得 0 分。

第三节　商业银行负债业务决策

在商业银行模拟运营决策仿真系统中，商业银行的负债业务主要包括了个人存款、企业存款、再贷款和拆入资金，其中个人存款是商业银行的最主要资金来源。本节重点讲述个人存款的合理配置。

一、可用资金成本率

（一）可用资金成本率的含义

所谓可用资金是指银行可以实际用于贷款和投资的资金，它是银行总的资金来源扣除应交存的法定存款准备金和必要的储备金后的余额，即扣除库存现金、在央行存款、在联行或往来行的存款及其他现金项目之后的资金。可用资金成本是指相对于可用资金而言的银行资金成本。

将资金成本除以可用资金数额相比可得到可用资金成本率。这个比率既可以用于各种存款之间的对比，分析为得到各种可用资金所要付出的代价，也可在总体上分析银行可用资金成本的历史变化情况及比较本行与其他银行可用资金成本的高低。

系统中，可用资金成本率的计算公式如下：

$$\text{可用资金成本率}=\frac{\text{管理费用}+\text{营业费用}+\text{各项资金利息和手续费支出}}{\text{存款余额}+\text{权益资本}-\text{上交的法定准备金}-\text{超额准备金}}\times 100\%$$

在实际中，计算该比率时不包括权益资本，由于本实验是模拟分析，因而将权益资本作为可用资金处理。公式中，管理费用为__________万元/年，营业费用为商业银行竞标个人存款时支付的广告费，最低额为__________万元，利息支出为全部存款利息支付，超额准备金即库存现金。第一年经营结束，各项资金利息和手续费为__________万元，存款余额为__________万元，权益资本为__________万元，上交的法定准备金为__________万元，超额准备金为__________万元，可用资金成本率为__________%。

为了方便银行进行测算，实验中设置了可用资金成本率的预测表，商业银行只需要打开“数据建模分析”文件，在图 5-4 的界面中点击“银行能承受的贷款最低利率测算”按钮即可进入可用资金成本率预测界面，如图 5-5 所示，输入相关数据，完成预测。

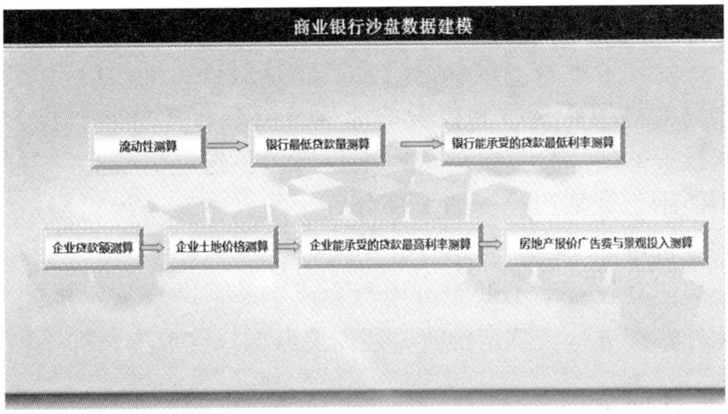

图 5-4　商业银行模拟运营决策仿真系统数据建模界面

图 5-5 中的数据为第一年经营结束后的实际数据，其中法定准备金与超额准备金比例合计公式为：（法定准备金 15 000 万元+超额准备金 31 300 万元）÷存款余额 100 000万元，计算可得比例约 46%。在其他条件不变的情况下，如现金减少，使得该比例变小时，可贷资金总量增加，最低可用资金成本率变小。

在每年经营初期，法定准备金率由央行公布，商业银行需要对公式或图 5-5 中的存款余额、所有者权益、库存现金做出预测，测算出可用资金成本率，以决定企业贷款最低利率。

商业银行可用资金成本率预测	
贷款团队+存款团队数量（个）	4
网点数量（个）	2
行政管理费（万元)	1000
预计竞争个人存款营销费（万元)	100
经营费用	2700
本年个人存款所有利息支出（万元)	2700
本年企业存款所有利息支出（万元)	600
同业借入与央行再贷款所有利息支出（万元)	0
利息总支出(万元)	3300
个人存款与企业存款余额（万元)	100000
同业借入与央行再贷款余额（万元)	0
所有者权益（万元)	31900
法定准备金与超额准备金比例合计（估算，%）	46%
可贷资金总量(万元)	85600
最低可用资金成本率（%）	7.01%

图 5-5　商业银行可用资金成本率预测界面

（二）可用资金成本率的作用

为保证流动性和安全性的需要，银行不可能将吸收来的所有资金都用于贷款和投资，必须保留一部分现金准备。这部分现金虽然是银行花了代价得来的，但却不能给银行带来利益，只能靠用于贷款和投资的那部分资金带来的收益作为补偿。换言之，实际用于贷款和投资的那部分资金的成本不仅应包括这部分资金本身的成本，还应包括与之对应的不能用于贷款和投资的那部分资金的成本，因为它们是为了支持可用资金而必须保持的准备金。

商业银行必须使其收益率不低于可用资金成本率，即贷款定价的下限不低于可用资金成本率。此外，在进行贷款定价时，还需要考虑风险成本，即不良贷款问题。

二、个人存款业务

（一）个人存款竞标决策

商业银行（团队）在进行个人存款竞标时，需要根据央行和银保监会（团队）的宏观政策对流动性进行预测。当流动性紧张时，应当多争取存款；当流动性宽松时，同时投资渠道较少时，应少争取存款，减少经营压力。对于流动性预测的计算，将在后文进行讲述。

系统中，每年商业银行经营中，最主要的资金来源就是年初吸收的个人存款。各银行需利用表 3-15（商业银行资金预算表），尽可能准确预测需要吸收的个人存款数额。个人存款吸收过多，提高了银行经营的安全性和流动性，但降低了盈利性；个人存款吸收过少，不利于银行经营的安全性和流动性。银行个人存款的实际吸收数额不能大于个人存款的分配数额。

每年年初，系统将给出个人存款预计增加额，其数额大小与到期个人存款、本年度新增土地所需开发贷款、外部票据金额、房企经营所需资金正相关。新增个人存款的实际值将取决于本年度各银行平均营销费与上年比值。从第三年开始，当比值大于1时，即本年度个人存款平均营销费大于上年个人存款平均营销费，个人存款实际增加值大于预测值；当比值小于1时，个人存款实际增加值小于预测值。

银行吸收个人存款通过竞标获得，竞标结果由系统根据得分进行存款的分配，其中营销费占40%，上年新增贷款占30%，上年新增个人存款占20%，网点数量占10%，满分为100分；同时受存款团队数量限制，当银行可以获得130 000万元个人存款，但是只有两个存款团队时，其只能获得120 000万元个人存款。银行竞标时，只需报出营销费，若要获得新增个人存款，营销费最少100万元，系统将根据银行的经营情况、所投入的营销费用等，合理进行个人存款的分配。例如，表5-2为第二年商业银行个人存款竞标表，其个人存款预测值和实际值均为407 000万元。由于第一年由教师统一带领运营，各银行的新增贷款、新增个人存款和网点数量都相同，此时各银行在该项都得满分，即30分、20分和10分；营销费由各银行报出。每一项数额最大的得满分，其他数额得分由系统计算给出，其计算公式如下：

$$某银行某项得分=某银行某项数额\times\frac{某项满分}{某项最大值}$$

在各银行存款团队充足的情况下，实际可吸收的个人存款计算公式如下：

$$某银行可吸收的个人存款=某银行竞标得分\times\frac{个人存款实际增加值}{各银行竞标总得分}$$

表5-2　第二年商业银行个人存款竞标表

商业银行	A	B	C	D
营销费（万元）	200	300	200	100
营销费排名得分	26.7	40.0	26.7	13.3
上年新增贷款（万元）	38 600	38 600	38 600	38 600
贷款排名得分	30.0	30.0	30.0	30.0
上年新增个人存款	70 000	70 000	70 000	70 000
个人存款排名得分	20.0	20.0	20.0	20.0
现有网点数量	2	2	2	2
网点数量排名得分	10	10	10	10
现有存款团队（个）	2	2	2	2
总得分				
个人存款（万元）取整到千万元				

在本系统中，凡涉及依据排名得分的分配均采用上述两个公式进行计算，学生可以在竞标前进行预测计算。因而在竞标之前，各银行应了解该年预计新增个人存款数额，尽可能掌握其他银行的上年新增贷款、新增个人存款和网点数量，合理投入营销

费竞标需要的个人存款，降低成本。

例：根据以上规则计算某年实际新增个人存款 590 344 万元，计算表 5-3 中的各项数据。

表 5-3　某年商业银行个人存款竞标表

商业银行	A	B	C	D
营销费（万元）	200	200	300	200
营销费排名得分				
上年新增贷款（万元）	57 200	47 200	57 200	37 200
贷款排名得分				
上年新增个人存款	112 000	120 000	95 000	110 000
个人存款排名得分				
现有网点数量	3	3	3	3
网点数量排名得分				
现有存款团队（个）	3	3	3	3
总得分			95. 8	
个人存款（万元）				

（二）个人存款期限结构决策

系统中，个人存款期限及利率如表 5-4 所示。从表中可以看出期限越长，存款利率越高，即银行利息成本也越高。

表 5-4　个人存款期限及利率表

期限	1 年期	2 年期	3 年期	4 年期
利率	基准+0. 5%	基准+1. 5%	基准+2. 5%	基准+3%

系统中，教师端根据各商业银行的个人存款期限和已有未到期个人存款自动计算需支付利息，同时还可以提示当年需偿还个人存款数量。例如，第二年录入相关数据后，可以查看第三年的竞标结果，即可知第三年需偿还的个人存款数额，在第三年年初组织个人存款的偿还。各商业银行必须自行记录个人存款的到期时间，确保足够的资金进行偿还。

表 5-5 给出了两家商业银行（银行 B 和银行 D）吸收的个人存款期限和数额，计算新增个人存款数额和利息。

表 5-5　银行 B 和银行 D 新增个人存款期限及利息支付

	1 年期	2 年期	3 年期	4 年期	新增个人存款	利息
银行 B	50 000 万元	30 000 万元	10 000 万元	10 000 万元		
银行 D	20 000 万元	20 000 万元	20 000 万元	20 000 万元		

根据计算结果可以看到，银行 B 的新增个人存款数额比银行 D 多了＿＿＿＿＿万

元，但利息只多支付了__________万元。究其原因在于，银行 B 为了降低利息成本大量吸收了 1 年期存款，导致在下一年年初在偿还原有到期个人存款的同时，还要偿还这 50 000 万元，面临了较为严峻的偿还压力，不得已向央行寻求再贷款以偿还到期的全部个人存款。

因此，商业银行对于个人存款的吸收，务必注意已有个人存款的到期时间，分配好不同期限的个人存款数额，降低成本，保证流动性。

三、对公存款业务——银企双赢决策

系统中，对公存款发生在年末企业协助消费者办理消费贷款环节结束之后，该存款均为协议存款，至少 1 年期，金额至少 5 000 万元。银行报出存款利率后（若银行未报存款利率，默认以基准利率存款），不得拒绝企业存款。商业银行吸收对公存款后，虽然会导致交纳的存款准备金数额增加，但有利于降低存贷比提高年末评分；同时也可以缓解下一年年初到期的个人存款偿还压力。

企业存入款项后即可以获得利息，这有利于提高利润，粉饰报表（如是上市公司，可避免挂 ST）；同时，ROA 和 ROE 得分将被提升；还避免了被银行列入不良贷款而引发的债务催缴与账户冻结。通常企业会在年初将上年期末存入银行的对公存款提前取出，这样可以减少贷款金额，降低融资成本，扩大经营规模。

因此，当银企之间的对公存款发生时，在协议签订中务必认真对待违约金的问题，明确对公存款业务对于双方的重要性，由此展开博弈。

对公存款业务是发生在消费贷款办理结束之后。事实上，在消费贷款办理的过程中，银行必须考虑下一年初需偿还的到期个人存款数额，将消费贷款的发放和对公存款业务联合进行考虑。

第四节　商业银行资产业务决策

在商业银行模拟运营决策仿真系统中，商业银行的资产业务主要包括现金资产、存放央行款项、拆出资金、企业贷款、房产消费贷款、票据、理财/信托/股权投资、国债投资、央票等，其中企业贷款和消费贷款是商业银行的最主要资金运用，是收入的主要来源。

一、商业银行资产业务收益状况的衡量

（一）贷出资金收益率

在进行商业银行绩效分析时，系统中采用了贷出资金收益率协助分析，其计算公式如下：

$$\text{贷出资金收益率}=\frac{\text{营业收入(不含税)}}{\text{贷款}+\text{贴现}+\text{债券等各项投资}+\text{央票}+\text{同业拆出}}\times 100\%$$

公式中的营业收入（不含税）的数额可以从企业损益表中查到，贷款、贴现、债券等各项投资、央票和同业拆出等相关数据均为当年末到期的余额，其数额可以从企

业资产负债表中查到。经营年度结束后，教师端根据导入的各组数据，自动计算得出贷出资金收益率。利用表 5-2 和表 5-3 计算该银行第三年的可用资金成本率为__________%，贷出资金收益率为__________%。银行在经营过程中，贷出资金收益率应大于可用资金成本率；否则会出现亏损。如表 5-6 所示，实验中，商业银行（团队）第三年的经营绩效由于对于规则、流程等未能深刻理解，各银行对可用资金成本率和贷出资金收益率重视不够，经营状况普遍较差。

表 5-6　实验中商业银行（团队）第三年的经营绩效分析

项目	A	B	C	D
净利润（万元）	-1 400	100	-18 700	-31 000
新增贷款量（万元）	20 900	65 000	25 700	51 100
中间业务净收入（万元）	2 800	2 700	900	2 200
主营业务收入（万元）	14 300	14 900	8 700	14 600
可用资金成本率	10.93%	9.32%	11.70%	10.14%
贷出资金收益率	9.95%	9.44%	6.83%	9.49%

表 5-6 中的 C 银行和 D 银行该年度分别有 12 500 万元和 30 000 万元的资产减值损失，如果不考虑资产减值损失，C 银行的经营状况非常糟糕。在第二年 C 银行发放的企业贷款为 2 年期 50 000 万元，利息在第二年一次性收取；该银行由于过多地考虑了第四年的个人存款偿还，第三年只发放了 50 000 万元的消费贷款，没有充分考虑银行需发放的最低贷款量和贷款的合理利率，极大地影响了该年的经营效益。而且由表 5-6 中可以看出，四家银行的可用资金成本率都比较高，而贷出资金收益率相对偏低。说明各银行在决策时，忽视了可用资金成本率和贷出资金收益率的计算和比较，使得银行经营惨淡。

（二）贷出资金收益率调节

贷出资金收益率与营业收入（不含税）同向变动，与贷款、票据、债券、央票等余额反向变动。在上述资产数量相同的情况下，营业收入（不含税）越高，则贷出资金收益率就越高。决策仿真系统中，营业收入（不含税）包括利息收入（不含税）、理财与投资收益（不含税）、中间业务收入（不含税）。如表 5-7 所示，案例商业银行 6 年经营的营业收入（不含税）及其构成的各项收入（不含税）数值。

表 5-7　案例商业银行 6 年经营的营业收入（不含税）及其构成的各项收入（不含税）数值表

项目	第一年	第二年	第三年	第四年	第五年	第六年
营业收入（不含税）	6 500	10 700	14 600	16 300	22 700	19 500
利息收入（不含税）	4 200	7 700	11 000	12 800	18 500	17 400
理财与投资收益（不含税）	1 400	1 400	1 400	1 400	0	0
中间业务收入（不含税）	900	1 600	2 200	2 100	4 200	2 100
利息收入（不含税）/营业收入（不含税）	64.62%	71.96%	75.34%	78.53%	81.50%	89.23%

通过对分析利息收入（不含税）在营业收入（不含税）中的占比可以看出，利息收入（不含税）是银行最重要的收入来源，包括企业贷款利息收入和消费贷款利息收入。其中消费贷款为 5 年期，利率为发放当年的基准利率，只有在发放当年可以获得额度占用费。如表 5-7 中的 6 年经营中，银行消费贷款利率始终为 8%，无法为银行带来更多的收益。此外，每年商业银行的贷款额度有限，各银行必须充分利用额度，对每年的最低贷款量做出预测，做好企业贷款定价，增加收入。

系统中，贷款利息收入=贷款实际利率×贷款数量。当贷款实际利率既定时，贷款的规模越大，给银行带来的利息收入就越多；当贷款数量既定时，贷款实际利率越高，银行利息收入也越多。

二、商业银行贷款规模决策

（一）最低贷款规模预测

系统中，银保监会在对银行经营流动性监管中，要求存贷比不得高于 75%，该指标计算中选用的是存款和贷款的余额，可以帮助银行预测贷款规模的上限；而银行贷款规模的下限，即银行最低贷款规模是决定银行利润率的重要因素，如果银行不能达到要求贷款量，在不考虑资产减值损失的情况下，将面临亏损。

在图 5-4 的界面中点击“银行最低贷款量测算”即可进入商业银行现有规模最低贷款量界面。假设帮助表 5-6 中的 C 银行第三年贷款量进行预测，C 银行第三年有 3 个网点、3 个贷款团队、3 个存款团队，支付 300 万元营销费，吸收个人存款 160 000 万元，企业存款 20 000 万元，企业贷款和消费贷款的额度占用费为 2%，财务评审费为 200 万元。如图 5-6 为假定只发放消费贷款，利率为 10%时，计算得出最低贷款量为 129 000 万元；图 5-7 为只发放企业贷款，利率为 12%时，计算得出最低贷款量为 107 500 万元。

商业银行现有规模最低贷款量	
贷款团队+存款团队数量（个）	6
网点数量（个）	3
行政管理费（万元）	1000
预计竞争个人存款营销费（万元）	300
经营费用(万元)	3700
本年个人存款所有利息支出（万元）	8600
本年企业存款所有利息支出（万元）	600
同业借入与央行再贷款所有利息支出（万元）	0
利息总支出(万元)	9200
国债、央票、外部票据等利息收益(万元)	0
考虑中间业务费的贷款实际利率（估算，%）	10%
最低贷款量(万元)	129000

图 5-6　贷款仅为消费贷款的最低贷款量预测

商业银行现有规模最低贷款量	
贷款团队+存款团队数量（个）	6
网点数量（个）	3
行政管理费（万元）	1000
预计竞争个人存款营销费（万元）	300
经营费用(万元)	3700
本年个人存款所有利息支出（万元）	8600
本年企业存款所有利息支出（万元）	600
同业借入与央行再贷款所有利息支出（万元）	0
利息总支出(万元)	9200
国债、央票、外部票据等利息收益(万元)	0
考虑中间业务费的贷款实际利率（估算，%）	12%
最低贷款量(万元)	107500

图 5-7　贷款仅为企业贷款最低贷款量预测

实验中，C 银行在该年度发放的都是消费贷款，且只有 50 000 万元，使得其贷出资金收益率当年只有 6. 83%，即使不考虑 12 500 万元的资产减值损失，其经营也出现了较大的亏损。从图 5-5 和图 5-6 中可以看出，在其他变量不变的情况下，贷款实际利率越高，则最低贷款量预测值越小，银行最低需要发放的贷款量也就越小。在沙盘运营中，企业贷款竞标时，企业先申报贷款规模，商业银行再将贷款利率的上下限、额度占用费和财务评审费报出，之后银行和企业谈判确定具体数值。

（二）企业申报贷款规模决策

房地产企业需要根据自己的经营决策来决定贷款的规模，这是由于贷款会产生利息、额度占用费、财务评审费等成本支出。如果贷款数量大幅超过所需规模，那么将会影响企业的利润率。贷款需求取决于本年度土地开发规模与土地储备战略。在图 5-4 的界面中点击“银行最低贷款量测算”按钮即可进入房地产企业资金规划表。例如，某房地产企业第二年办理了 70 000 万元的 2 年期贷款，其中 50 000 万元贷款年利率 9%，20 000 万元贷款年利率 9%，每年的财务评审费共计 800 万元，额度占用费为 1 400 万元，贷款实际利率达 12. 14%。那么该企业是否需要如此多的贷款呢？该企业在第二年实际经营情况是以 900 万元/亩价格竞标 40 亩土地，到期贷款 17 000 万元，支付利息和中间业务费用 8 500 万元，订单竞标广告支出 400 万元，修建商品房土地 30 亩，修建别墅土地 10 亩。将相关数据填入，即可得到该企业第二年贷款需求预测值，如图 5-8 所示。

由图 5-8 可知，第二年该企业的贷款应适当高于 33 500 万元即可，而事实上该企业贷款数额为 70 000 万元，在经营的各个过程中，资金充裕，基本上有 30 000 万元的资金没有被利用。最后又办理了银行存款，利率为 2%，获得 600 万元的利息，而为了这 30 000 万元企业的贷款实际利率为 12. 14%，净损失 10. 14%，营业利润为-1 600 万元。

各银行也可以利用图 5-8 来预测企业贷款规模，为年初的个人存款竞标提供参考。

房地产公司资金规划表

	项目	第一年	第二年
1	上年现金余额		2400
2	各资产项到期本金与利息收入		
3	预计竞标土地数（亩）	0	40
4	预计竞标单价（万元/亩）		900
5	竞标土地支出	0	
6	归还到期负债	0	17000
7	支付利息和中间业务费用		8500
8	竞标订单广告支出		400
10	预计修建商品房土地数（亩）		30
11	预计修建别墅土地数（亩）		10
12	建安支出	0	10000
9	景观费与规划设计费支出		15500
13	国债投资	0	
13	放出委托贷款	0	
15	运营团队支出		3000
16	增值税支出		
17	支付管理费	2500	2500
14	其他支出		
15	预计贷款金额	0	33500

图 5-8　企业第二年贷款需求预测值

三、商业银行企业贷款定价决策

商业银行企业贷款实际利率过高，企业利润不够偿还贷款，企业会放弃向银行贷款这一融资方式，寻求其他途径或者吸引一些高风险的企业，影响贷款偿还；贷款利率过低，银行面临实现贷款规模的压力和经营亏损的困境。事实上，银行贷款利率的下限可以参考可用资金成本率给出，而上限需要参考客户的投资回报率（利润率）。企业获得贷款后，需根据其确定的利润率去竞标土地和修建房屋，支付营销费以实现销售目标，获得利润。因而，房地产企业应对于其毛利率进行预测，进而决定其土地竞拍决策、广告决策和景观决策，以实现其利润目标；商业银行需要掌握企业的预期利润率以确定贷款价格，也应该适时了解企业的经营状况，确保贷款安全。

假设商品房和别墅景观均投入 100 万元，增值税税率为 11% ，不考虑固定成本（如利息、管理费用、团队工资、营销费用等）做以下决策：

（一）房地产企业产品决策

房地产企业修建商品房和别墅并进行出售，可以把商品房作为限价房出售给政府，因而需要预测商品房、别墅利润率，合理规划建设方案，争取最大利润。

假设修建商品房和别墅的土地成本为最低的 800 万元/亩，则对商品房和别墅的预期毛利率如下：

1. 商品房最低及最高售价时毛利率

一套商品房售价为 150 万元，土地成本为 80 万元，景观费为 10 万元，建安成本为

30 万元，规划设计费为 20 万元，增值税为 1.5 万元；商品房售价为 200 万元时，增值税为 6 万元。

最低售价时的毛利＝150－80－30－10－15－1.5＝13.5（万元）；毛利率＝13.5÷150＝9（%）

最高售价时的毛利＝200－80－30－10－20－6＝54（万元）；毛利率＝54÷200＝27（%）。

2. 别墅最低及最高售价时的毛利率

一套别墅售价为 700 万元，土地成本为 400 万元，景观费为 50 万元，建安成本为 50 万元，规划设计费为 70 万元，增值税为 19 万元；别墅售价为 1 000 万元时，增值税为 41 万元。

最低售价时的毛利＝700－400－50－50－70－19＝111（万元）；毛利率＝111÷700＝15.86（%）。

最高售价时的毛利＝1 000－400－50－50－100－41＝359（万元）；毛利率＝359÷1 000＝35.9（%）。

以上的分析计算中，可以比较出别墅整体利润率较高，但实验中别墅的订单量比较少，别墅不一定比商品房有优势；而且如果考虑固定成本，别墅和商品房的毛利率均会下降。另外，政府对企业未销售出去的商品房以限价房的方式进行收购，但不收购别墅，并且对于“商品房+限价房”销售量最大和次大的房地产企业用现金进行奖励，奖励的数额为“商品房+限价房”销售额的 5%～20%，可以直接提高企业的利润率。

（二）房地产企业土地竞标决策

房地产企业进行土地竞标时，应根据计划的商品房报价以及希望的毛利率对所能承受的土地价格进行预测。

例如：企业商品房报价为 200 万元，希望毛利率为 15%，则土地成本报价的上线为：__________。

200×15%＝30（万元）

200－X－30－10－20－6＝30（万元）

X＝104（万元），即每亩地为 1 040 万元。如果企业再考虑固定摊销费用，能够承受的土地价格还会下降。

（三）房地产企业广告费投入决策

系统中，广告对房地产公司营销非常重要，如要销售，广告费最低为 100 万元。广告费直接决定了企业的品牌效应，广告费越高，则品牌效应越高；品牌效应越高，则企业的订单越多，而且也可以提高该企业的限价房价格。广告费作为企业成本的一部分，因而增加广告费的投入可以增加订单，但企业经营要考虑利润率，因而不能只看订单数量的多少。广告费占比应小于毛利率，换言之，广告费用带来的销售收入应超过同期产品利润率。

例如，如果企业期望毛利率为 10%，假定企业多投入 500 万元广告费，则可以多获得 10 套商品房和 2 套别墅订单，如果带来的税后收入增加超过 5 000 万元，说明增加投入值得；否则，会降低同期产品利润率。假设此时商品房报价为 200 万元，别墅报价为 1 000 万元，需思考增加广告费投入是否明智。

通过前面（一）中计算可知，商品房报价为 200 万元时，毛利为 54 万元，别墅报价为 1 000 万元时，毛利为 359 万元。多投入 500 万元广告则多获得 54×10+359×2＝1 258万元。但按照 10%的利润，多投入 500 万元，收入增加应该超过 5 000 万元以上，本案例中收入只增加 1 258 万元，所以不明智。

系统中，商业银行和房地产企业更关注利润率，而不是利润额。利润率决定了企业所能承受的贷款利率上限。因而，企业运营不能只关注数额的变化。

（四）房地产企业报价决策

系统中，商品房和别墅的报价越低，则企业获得的订单就越多。企业追求的是利润最大化和较高的利润率，多的订单意味着高的利润。例如，第二年的四家企业的广告费投入均为 1 000 万元，品牌效应相同，获得订单竞标的情况如图 5-9 所示。

	第二年订单竞标					
房地产公司	A	B	C	D	E	F
商品房报价(万元)	150	170	190	200		
别墅报价(万元)	1000	900	800	700		
广告费(万元)	1000	1000	1000	1000		
品牌效应	1557	1557	1557	1557	200	200
实际商品房订单(套)	600	330	190	150	0	0
实际别墅订单(套)	10	14	20	30	0	0

图 5-9　第二年企业订单竞标界面

就商品房订单来看，企业 A 报价最低，为 150 万元/套，获得订单 600 套，可获得总收益 90 000 万元；企业 B 报价为 170 万元/套，获得订单为 330 套，可获得总收益 56 100万元；企业 C 报价为 190 万元/套，获得订单为 190 套，可获得总收益为 36 100 万元；企业 D 报价最高，为 200 万元/套，获得订单为 150 套，可获得总收益为30 000 万元。

就别墅订单来看，企业 A 报价最高，为 1 000 万元/套，获得订单为 10 套，可获得总收益 10 000 万元；企业 B 报价为 900 万元/套，获得订单为 14 套，可获得总收益为 12 600 万元；企业 C 报价为 800 万元/套，获得订单为 20 套，可获得总收益为 16 000 万元；企业 D 报价最低，为 700 万元/套，获得订单为 30 套，可获得总收益为 21 000 万元。

如果企业可以全额交付订单，则企业 A 的总收益为 100 000 万元，企业 B 的总收益为 68 700 万元，企业 C 的总收益为 52 100 万元，而企业 D 的总收益为 51 000 万元。

假设各房地产企业的土地成本均为 800 万元/亩，则固定成本（如利息、管理费用、团队工资、营销费用等）均相同。利用数据建模分析工具可以计算出商品房利润总额和别墅利润总额，如图 5-10 和图 5-11 所示。

利润总额测算（商品房）

每套商品房售价（万元/套）	150	170	190	200
景观（万元/套）	100	100	100	100
土地成本（万元/套）	800	800	800	800
预计本年销售商品房（套）	600	330	190	150
本年团队个数	2	2	2	2
预计利息和中间业务费（万元）	1800	1800	1800	1800
预计营销费（万元）	1000	1000	1000	1000
以上固定费用分摊比例（%）	100%	100%	100%	100%
预计利润总额（万元）	808	2511	1430	808

图 5-10　商品房利润总额测算界面

利润总额测算（别墅）

每套别墅售价（万元/套）	1000	900	800	700
景观（万元/亩）	100	100	100	100
土地成本（万元/亩）	800	800	800	800
预计本年销售别墅（套）	10	14	20	30
本年团队个数	2	2	2	2
预计利息和中间业务费（万元）	1800	1800	1800	1800
预计营销费（万元）	1000	1000	1000	1000
以上固定费用分摊比例（%）	30%	30%	30%	30%
预计利润总额（万元）	1414	1720	1774	1324

图 5-11　别墅利润总额测算界面

由图 5-10 可知，各房地产企业商品房的利润总额分别为 808 万元、2 511 万元、1 430万元和 808 万元，各企业商品房总收益分别为 90 000 万元、56 100 万元、36 100 万元和 30 000 万元，则各企业商品房利润率分别为 0. 90%、4. 48%、3. 96%和 2. 69%。

由图 5-11 可知，各企业别墅的利润总额分别为 1 414 万元、1 720 万元、1 774 万元和 1 324 万元，各企业别墅总收益分别为 10 000 万元、12 600 万元、16 000 万元和 21 000 万元，则各企业别墅利润率分别为 14. 14%、13. 65%、11. 09%和 6. 30%。

第二年四家企业的商品房和别墅利润总额分别为 2 222 万元、4 231 万元、3 204 万元和 2 132 万元，各企业总收益分别为 100 000 万元、68 700 万元、52 100 万元和 51 000万元，则各企业利润率分别为 2. 22%、6. 16%、6. 15%和 4. 18%。

（五）房地产企业景观投资决策

在本系统中，房地产企业每亩地的基础景观投入为 100 万元，在此基础上每增加投入 50 万元，将在不增加其他成本的情况下，获得 3%的销售溢价和 3%的销量增长。每亩景观投入最多为 400 万元，即商品房每套每增加 5 万元景观投资，别墅每套每增加 25 万元的景观投资，可以使售价提高 3%，但同时规划设计费也会上调，但每亩 50 万元的景观投资同时带来 3%的销量增长。

1. 商品房景观投资决策

假设在商品房报价为 150 万元且可以获得 600 套订单的情况下，是否增加景观投入；在商品房报价为 200 万元且可以获得 150 套订单的情况下，是否增加景观投入。

利用（一）中的计算结果：

当商品房报价为 150 万元时，毛利约 13.5 万元，总毛利为 13.5 万元×600 套 = 8 100 万元。

当商品房报价为 200 万元时，毛利约 54 万元，总毛利为 54 万元×150 套 = 8 100 万元。

（1）每亩地每增加 50 万元的景观投资，销售量将增加 600×3% = 18（套），为 618 套。每套商品房毛利为：

150×1.03−80−30−15−15×1.03−1.5 = 12.55（万元）

总毛利 = 12.55×618 = 7 755.9（万元）

投资回报率 =（7 755.9−8 100）/（50×62）= −11.1（%）

通过以上计算可知，增加景观投入后，销量虽然增加，但企业毛利下降，因而不值得增加投入。

（2）每亩地每增加 50 万元景观投入，商品房销售量将增加 5 套，销售总量变为 155 套。每套商品房毛利为：

200×1.03−80−30−15−20×1.03−6 = 54.4（万元）

总毛利 = 54.4×155 = 8 432（万元）

投资回报率 =（8 432−8 100）/（50×16）= 41.5（%）

通过以上计算可知，增加景观投入后，销量增加，企业毛利增加，因而值得增加投入。

2. 别墅景观投资决策

假设在别墅报价为 700 万元且可以获得 30 套订单的情况下，是否增加景观投入；在别墅报价为 1 000 万元且可以获得 10 套订单的情况下，是否增加景观投入。

利用（一）中的计算结果：

当别墅报价为 700 万元时，毛利约 111 万元，总毛利为 111 万元×30 套 = 3 330 万元。

当别墅报价为 1 000 万元时，毛利约 359 万元，总毛利为 359 万元×10 套 = 3 590 万元。

（1）每亩地每增加 50 万元的景观投资，销售量将增加 1 套，为 31 套。每套别墅毛利为：

700×1.03−400−50−75−70×1.03−19 = 104.9（万元）

总毛利 = 104.9×31 = 3 251.9（万元）

投资回报率 =（3 251.9−3 330）/（50×16）= −9.76（%）

通过以上计算可知，增加景观投入后，销量虽然增加，但企业毛利下降，因而不值得增加投入。

（2）每亩地每增加 50 万元景观投入，别墅销售量将增加 1 套，销售总量增加为 11 套。每套别墅毛利为：

1 000×1.03−400−50−75−100×1.03−41 = 361（万元）

总毛利 = 361×11 = 3 971（万元）

投资回报率 =（3 971−3 590）/（50×6）= 127（%）

通过以上计算可知，增加景观投入后，销量增加，企业毛利增加，因而值得增加投入。

（六）房地产企业团队建设决策

在商业银行模拟运营决策仿真系统中，房地产企业扩建团队可以增加销售收入，但销售收入增加并不意味着利润的增加。如本部分（四）中所分析的第二年四家企业的商品房和别墅利润总额分别为 2 222 万元、4 231 万元、3 204 万元和 2 132 万元，各企业总收益分别为 100 000 万元、68 700 万元、52 100 万元和 51 000 万元，则各企业利润率分别为 2. 22%、6. 16%、6. 15%和 4. 18%。

房地产企业销售收入每 5 亿元（不含限价房销售收入）需要 1 个运营团队，每个运营团队招募费用为 100 万元，年工资奖金为 1 000 万元（从招聘当年开始发工资奖金）。所有业务需提前一年配备好团队；否则只能按现有团队最大业务量减少商品房/别墅订单（系统优先减少商品房订单，再减少别墅订单）。团队被辞退，当年仍需支付工资奖金。企业盲目扩大销售团队，将降低企业利润率。

在本系统中提供了数据建模分析工具，各组可以利用数据建模分析对房地产企业经营过程中的报价、广告费投入、景观费投入以及贷款能承受的最高利率、最高土地价格和贷款数额等重要变量进行预测，以期实现理性运营。

此外，商业银行贷款定价还应考虑贷款的风险程度、借款人的资信状况以及与各商业银行的关系、流动性和预期的通货膨胀率等的影响。如果和企业签订的贷款期限较长，商业银行还应提高贷款定价。

四、房地产企业贷款偿还决策

系统中，通常企业都是当期偿还企业贷款。有些企业由于经营不善要求贷款展期，但有些经营状况优秀的企业，其实可以提前偿还贷款。虽然贷款利息已经支付，而且提前偿还贷款也会影响对公存款利息的获得，但对模拟经营中，提前偿还贷款对于银行和企业都是有好处的。

对于商业银行来说，提前收回贷款可以降低银行存贷比，避免因为放贷给资产负债率超过 65%的企业被罚款，降低不良贷款率和拨备覆盖率，提高本年度评级得分。为此，商业银行可以考虑在签订贷款协议时提供一些优惠政策，鼓励企业提前偿还贷款。

对于房地产企业来说，提前偿还贷款可以降低资产负债率，提升贷款综合评价，提高本年度评级得分，推动后期运营。如果在办理贷款时能够和商业银行达成一致，获得提前偿还贷款的一些优惠政策，就能降低运营成本并提高利润率。

五、商业银行其他资产业务决策

（一）消费贷款决策

在本系统中，消费者支付首付款后，尾款由银行发放消费信贷，期限为 5 年，利率为浮动利率，即当年基准利率；采用等额本金偿还，从贷款当年开始还利息，本金由消费者次年开始偿还，每年按消费贷款余额的20%等额偿还。因此，大多数情况下，随着实验的进行，银行每年得到的消费贷款本金和利息逐渐增加。

消费贷款占用银行的当年贷款额度，获得的回报低于企业贷款，但是消费贷款安全、稳定，而且风险权重仅为企业贷款的0.5，可以提升商业银行的资本状况，还可以获得中间业务收益。对于企业可以获得大量资金，进行短期投资。

（二）票据贴现业务决策

在本系统中，商业银行可以进行企业应收款贴现和外部票据贴现。贴现业务不占用企业的贷款额度，而且支付款项为扣除贴现费后的数额，使得实际利率高于贴现率。

例如，贴现率为10%，贴现票据为10 000万元，银行将扣除1 000万元的贴现费，支付9 000万元给企业，实际利率为1 000÷9 000=11.11（%）。

实验中，外围票据贴现以每5 000万元收取多少贴现费进行报价，报价低者优先贴现。商业银行应根据计划的贴现率申报贴现费，银行给出的贴现费率一般不高于该行当年发放给企业的实际贷款最高利率（不含中间业务费率，如当年没有发放贷款，按基准利率），以实现提高利润率。当外围票据贴现时，商业银行需要对于当年房地产企业的销售量做出预测；当销售量同比上升时，高档消费品企业票据将出现延期兑付；当销量同比下降时，家居、建材企业将出现延期兑付；当风险过高时，银行也可以选择不贴现。

（三）国债业务决策

在本系统中，溢价率高者优先购买国债，国债按5 000万元整数倍购买。企业和银行都可购买国债，转让国债利率需双方协商。国债每提前一年兑付，按1%支付手续费，单张凭证式国债不能拆分兑付。

国债分为5年期、4年期和3年期三种，收益率分别为贷款基准利率的-1%、贷款基准利率的-1.5%和贷款基准利率的-2%，为浮动利率国债。到期前，每年可以获得利息收入。当银行和企业资金缺乏时，可以考虑提前兑付国债。

假设5年期国债利率为7%，每年可以获得利息收入。当银行资金缺乏时，如果采取同业拆借等其他方式，只要利率低于7%，银行就不应该提前兑付；当企业资金缺乏时，如果通过贷款、票据贴现等业务筹资，利率通常高于基准利率，即大于国债利率，企业应该提前兑付。

第五节　商业银行其他业务决策

一、商业银行中间业务决策

在商业银行模拟运营决策仿真系统中，商业银行的中间业务内容与收费标准如表5-8所示。

表 5-8 中间业务内容与收费标准

中间业务内容	收费标准
结算及代理费	企业之间的委托贷款必须通过银行进行，银行可收取代理费，金额自定。
额度占用费	由于商业银行额度有限，房地产企业为了及时拿到贷款，银行可以要求支付一定额度占用费（承诺费），金额自定。
财务评审费	每笔对公贷款每年按一定金额的百分比收取财务评审费，比例自定。（用于商业银行每年要做的贷款评审。消费贷款没有财务评审费。）

商业银行向房地产企业发放对公贷款时，向企业收取额度占用费和财务评审费，这将提高企业贷款的实际利率。实验中，商业银行将公布其最高的额度占用费和财务评审费，之后根据和企业的谈判以商定最终数额。商业银行需尽量预测出企业能够承受的贷款最高实际利率，过高的额度占用费和财务评审费会使企业放弃从该银行获得贷款。企业为了减少该费用的支出，会希望获得中长期贷款，银行务必仔细调查企业的综合情况，以确定合适的中长期贷款利率，以增加银行利润。

企业为了快速回笼资金，会帮助消费者办理消费贷款。为此，企业需要支付额度占用费，这将降低企业的利润率。如果银行收取的额度占用费过高，企业放弃从该银行办理消费贷款，将使银行损失消费贷款利息的收益。

二、商业银行网点和团队建设决策

在本系统中，每个网点能够容纳 1 个存款团队和 1 个贷款团队。每个网点新建费用为 100 万元，每年运营费为 200 万元（从建设当年支付运营费）。网点撤销当年仍需支付运营费。招募团队前必须先建网点，商业银行每年个人存款和企业存款每新增 6 亿元需要 1 个存款团队办理，每年企业贷款与消费贷款每新增 4 亿元需要 1 个贷款团队办理。每个存款或贷款团队招募费用为 100 万元，年工资奖金为 300 万元（从招聘当年开始发工资奖金）。所有业务需提前一年配备好存款和贷款团队；否则只能按现有团队最大业务量办理业务。团队被辞退当年仍需支付工资奖金。

各银行需要对下一年新增的存贷款量进行预测以进行网点和团队建设，这将增加银行的成本。因而，商业银行扩建团队后，应当尽可能地使团队发挥作用，多吸收存款和发放贷款。

第六节 商业银行应对流动性调节决策

一、流动性含义及计算

（一）流动性含义

通常意义的流动性（Liquidity）是指整个宏观经济的流动性，即在经济体系中货币的投放量的多少。

所谓的流动性过剩，简单来说，就是货币当局货币发行过多且货币量增长过快，银行机构资金来源充沛，居民储蓄增加迅速。就银行系统而言，则表现为存款增速大大快于贷款增速。

（二）流动性计算公式

在商业银行模拟运营决策仿真系统中，流动性的计算公式如下：

流动性=各组期末现金余额之和 ÷ 实际交货额

=（资金总供给-资金总需求）÷（商品房交货额+别墅交货额）

从公式中可以看出，增加资金供给、减少资金需求和降低实际交货额都可以增加流动性；而减少资金供给、增加资金需求和增加实际交货额都可以减少流动性。其中，实际交货额会受交货量和价格的影响。

已知第一年经营结束后，各银行现金余额为 31 300 万元，各企业现金余额为 2 400 万元，各企业实际交货额为 40 900 万元，则：

第一年流动性=（31 300+2 400）× 4 ÷（40 900×4）= 0.82

二、流动性的预测

在商业银行模拟运营决策仿真系统中，商业银行（团队）和房地产企业（团队）都需要根据央行和银保监会（团队）颁布的政策，对流动性进行预测；同时，商业银行（团队）必须根据所预测的结果调整其经营策略。

（一）资金总供给

系统中，资金总供给包括各银行现有资金、各企业现有资金、新增个人存款、房产首付款、到期央票及利息、到期国债及利息、到期票据及利息、到期房产消费贷款及利息等。

（二）资金总需求

系统中，资金总需求包括土地开发款项、国债发行量、央票发行量、外部票据贴现、到期个人存款、新增存款准备金、个人存款利息、景观费、团队工资、管理费、税金和罚款等。

（三）流动性预测

例如：系统中有 4 家银行和 4 家房地产企业，央行和银保监会（团队）颁布的第二年的宏观政策为存款准备金比率的 15%，首付比例为 30%，土地供给为 120 亩，增值税率为 11%，贷款基准利率为 8%。第二年期初各银行现金余额为 31 300 万元、个人存款为 100 000 万元、消费贷款余额为 28 600 万元，第二年各银行将有央票 20 000 万元、个人存款 30 000 万元和企业存款 30 000 万元到期，外围新增个人存款 341 000 万元，将获得国债利息 1 400 万元，各银行有 2 个存款团队和 2 个贷款团队；第二年期初各企业现金余额 2 400 万元，第二年平均每家企业可获得 30 亩地，假设都只建商品房，那么开发投资为 110 万元，商品房售价为 190 万元/套，景观费为 250 万元/亩，各企业有 2 个运营团队进行流动性预测。

1. 资金供给预测

各小组现金余额之和：（2 400+31 300）× 4 = 134 800（万元）。

新增个人存款：341 000 万元。

房屋销售首付款：30%×120×10×190×（1+0.09）= 74 556（万元）。

到期央票：4×20 000＝80 000（万元）。

国债利息：4×1 400＝5 600（万元）。

到期房产消费贷款：5 720×4＝22 880（万元）。

消费贷款利息：[（28 600－5 720）×4+70%×120×10×190×（1+0.09）]×8%＝21 239（万元）。

资金总供给约为 680 075 万元。

2. 资金需求预测

开发贷款需求：120×（110×10）＝132 000（万元）。

到期个人存款：120 000（万元）。

新增存款准备金：（341 000－120 000－120 000）×15%＝15 150（万元）。

个人存款利息：[（100 000－60 000）×4+341 000]×4%＝20 040（万元）。

景观费：120×250＝30 000（万元）。

团队工资与网点费用：2 000×4+1 600×4＝14 400（万元）。

营销费与管理费：（0.1+0.01）×4+（0.1+0.25）×4＝18 400（万元）。

规划设计费：120×10×190×（1+0.09）×10%＝24 852（万元）。

增值税：5 860 万元。

资金总需求约为 380 700 万元。

期末现金余额：资金总供给约为 680 075 万元－资金总需求约为 380 700 万元＝299 375万元。

本年度预计交货额：120×10×190×（1+0.09）＝248 520（万元）。

第二年流动性预测值＝299 375 ÷248 520＝1.20。

第一年流动性为 0.82，按照现有政策计算的第二年流动性为 1.20，即出现流动性过剩。

系统中，提供了数据建模分析工具，可以帮助央行和银保监会（团队）、商业银行（团队）和房地产企业（团队）完成流动性的预测。由于各团队对于经济社会的分析会有偏差，因此预测结果会有不同。

三、流动性的预测结果的使用

（一）帮助商业银行应对流动性变化

商业银行（团队）根据央行和银保监会（团队）颁布的政策预测出流动性后，应及时调整个人存款竞标策略。当流动性紧张时，应多争取存款；当流动性宽松时，同时投资渠道较少时，应少争取存款，以减少经营压力。

（二）帮助央行和银保监会（团队）调整流动性

在本系统中，央行和银保监会（团队）当采取轮值的方式时，商业银行（团队）或房地产企业（团队）可以利用预测结果进行宏观政策的调整。如果前面所述第二年出现流动性过剩，新当选的央行和银保监会（团队）及政府相关部门可以及时调整资金供求以实现流动性目标。央行调整流动性建议及其他政策操作，如表 5-9 和表 5-10 所示。

表 5-9　央行调整流动性建议（非常重要）

盘面常见现象	调整建议
年底房地产企业不愿存款，商业银行不愿意吸收存款或提前支取违约金过高。	①坚持每年初银行先归还个人存款，再竞标新的个人存款。 ②讲解：企业存款有利于当年末利润增加，得分增加；银行吸收存款虽会降低盈利，但会降低存贷比、提升超额准备金比率。 ③提醒企业还可以提前还贷，购买国债等。
房地产企业不愿多拿，土地拍卖不出去。	①大幅减少土地供给数量。 ②大幅降低房企增值税至极低。 ③对销量排名靠前的房企大幅奖励。 ④提醒开发土地数量每增加一个等级，建安费会下降约 3%。 ⑤大幅调低首付款（非常重要）比例至 20%~30%。 ⑥大量增加央行主动再贷款（此时不扣商业银行团队的分），注入流动性。 ⑦拍完土地后，先竞标订单，再生产房屋。
当商业银行和房地产企业现金都紧张时。	①央行应放松流动性，包括降低存款准备金率，降低再贴现率。 ②回购未到期央票（如银行没有未到期央票，可由央行再贷款给银行，不扣分）。 ③提醒银行提前兑付国债等。 ④暂停央票发行、国债发行、外部票据。 ⑤减少土地供给。
当商业银行现金充裕，房地产企业现金紧张时。	①如房企资产负债率未超标，可以降低存贷款基准利率。 ②如房企资产负债率超标，应提醒房企提前支取存款。 ③未办理的消费贷款尽快办理。 ④通过股权融资。 ⑤减少土地供给。
当商业银行现金紧张，房地产企业现金充裕时。	①提高存贷款利率。 ②提醒银行发行股票、再贴现、再贷款、提前兑付国债。 ③大量增加央行主动再贷款（此时不扣商业银行团队的分），注入流动性。 ④暂停央票发行、国债发行、外部票据；主动回购央票。 ⑤提醒银行发行股票。 ⑥大幅降低存款准备金率。

表 5-10　其他政策操作表

政策操作点	影响	调整建议
购房首付比例	影响商品房和别墅当年需求量。	当房价高涨时，建议提高首付比例。
土地供应量	影响房地产土地开发规模。	当房企资金充裕时，建议多供地；房价高涨时，建议多供地。
房地产企业增值税	影响企业盈利。	当房地产全行业利润为负时，应大幅降低增值税率。

第六章

商业银行模拟运营决策仿真系统运营记录

■教学要点

了解在6年模拟经营中，商业银行和房地产企业经营各项基本职能及其相互间的关系，掌握商业银行和房地产企业主要经营管理过程及注意事项。

第一节　商业银行核心业务运营记录

商业银行第一年至第六年所涉及的相关运营记录表（包括现金管理模块、股票及贷款业务、管理流动性与消费贷款、投融资业务、政府监管），如表6-1至表6-5所示。

表6-1　现金管理模块

填写说明：请在每一年的发生金额一栏中填写数字后将自动生成报表，未发生请填“0”，数字前面不能用“+”或“-”号，也不用公式形式，如“300+400”。请注意，数字单位是万元，如发生金额为1 000万元，只需填写1 000。请勿更改此表名称结构和任何步骤，现金余额一栏将自动计算。										
序号	业务	经营步骤	责任人	填写单据	发生金额　单位：万元					
					第一年	第二年	第三年	第四年	第五年	第六年
期初现金余额										
1	准备金计提	清空上年所有费用栏，填写年末贷款余额表，计提专项贷款损失准备，同时将盘面相应企业贷款移出同等金额至专项损失准备栏	全体成员	年末贷款余额表						
2	资金规划	资金规划，填写学员手册相应表格，提交股票发行计划	全体成员	学员手册表7-2						

表 6-1（续）

序号	业务	经营步骤	责任人	填写单据	发生金额 单位：万元					
					第一年	第二年	第三年	第四年	第五年	第六年
3	理财结算	公示上年利润，按股份占例支付分红款	理财经理	无						
		股票投资盈利，收到现金分红金额								
4	再贷款业务	央行再贷款往前移一格，到期偿还/提前偿还本金	行长	无						
		流动性不足，向央行再贷款，贷款借入金额								
		支付央行再贷款利息								
5	个人存款业务	盘面所有个人存款往前移一格，偿还到期个人存款	客户经理	个人存款竞标表						
		填写个人存款竞标表，支付营销费用								
		获得个人存款								
		盘点个人存款余额								
		按个人存款余额支付个人存款利息								
6	上年未受理的消费贷款继续完成	继续完成上年未受理的企业消费贷款业务	信贷经理	消费信贷协议						
		收到企业办理消费贷款支付的额度占用费								
7	贴现/转贴现/再贴现业务	查看教师端上年房地产销量变化，判断到期票据是否延期；如未延期，票据往前移一格，计算到期可收回金额	信贷经理	票据贴现表						
		填写票据贴现表，选择贴现票据或银行转贴现，支付贴现全款								
		收取贴现费								
		到其他银行转贴现，收到贴现全款								
		到其他银行转贴现，支付贴现费								
8	企业存款提前支取	企业存款提前取出，支付本金	综合柜员	无						
		企业存款提前支取，收到违约金								
9	现金盘点	现金盘点	全体成员	无						

表 6-2　股票、贷款业务

序号	业务	经营步骤	责任人	填写单据	发生金额　单位：万元					
					第一年	第二年	第三年	第四年	第五年	第六年
1	对公贷款业务	企业贷款往前移一格，贷款到期/提前收回本金（按盘面记账筹码金额，不包括已计提损失的贷款本金）	信贷经理	填写对公贷款表，签订贷款协议						
		本年度及以前已计提损失准备的贷款又收回来了								
		填写对公贷款表，发放企业贷款，填写贷款协议书								
		按企业贷款余额收到利息；企业提前还贷或延后还贷加收违约金								
		收到企业的额度占用费和财务评审费等								
2	代理委托贷款	代理委托贷款的银行，收取代理费	综合柜员	委托贷款表						
3	现金盘点	现金盘点	全体成员	无						

表 6-3　管理流动性与消费贷款

序号	业务	经营步骤	责任人	填写单据	发生金额　单位：万元					
					第一年	第二年	第三年	第四年	第五年	第六年
1	央票业务	央票往前移一格，到期收回本金	会计主管	无						
		购买央票，支付投资款								
		按盘面资产栏的央票余额收到利息								
2	股票发行与购买	发行股票，填写股票发行与购买表，收到股票投资款	行长	填写股票发行与购买表，颁发股权证						
		购买股票，支付股票投资款								
		卖出股票，请先填写股票当年投资总价款（含溢价）								
		卖出股票，收到股票转让款								
		赎回股票，用现金支付								

表6-3(续)

序号	业务	经营步骤	责任人	填写单据	发生金额　单位：万元					
					第一年	第二年	第三年	第四年	第五年	第六年
3	同业拆借	盘面资产栏的同业拆借（借）往前移一格，到期收回/提前收回本金	行长	填写同业拆借表						
		盘面负债栏的同业拆借（贷）往前移一格，到期偿还/提前偿还本金								
		存贷比超标的银行同业拆借，填写同业拆借表，借入资金								
		同业借出资金								
		按盘面资产栏的同业拆借（借）余额收到利息；对方无法偿还时收到违约金								
		按盘面负债栏的同业拆借（贷）余额支付利息；无法偿还时支付违约金								
4	个人消费贷款	原有消费贷款往前移一格，填写消费贷款表，办理消费贷款业务	信贷经理	填写消费贷款表						
		收到企业办理消费贷款支付的额度占用费								
		计算本年度央行宣布的贷款基准利率								
		收到消费者支付的消费贷款余额利息								
		由消费者每年等额偿还本金								
		盘点消费贷款余额								
5	网点经营业务	增设营业网点（个）	行长	无						
		撤销营业网点（个）								
		本期末营业网点数量（个）								
		支付网点建设费								
		支付网点运营费（含已撤网点）								
6	团队管理业务	本期招募存款团队（个）	综合柜员	无						
		本期招募贷款团队（个）								
		本期辞退存款团队（个）								
		本期辞退贷款团队（个）								
		本期末存款团队总数量（个）								
		本期末贷款团队总数量（个）								
		支付团队招募费								
		支付团队工资奖金（含已辞团队）								
7	现金盘点	现金盘点	全体成员	无						

表 6-4　投融资业务

序号	业务	经营步骤	责任人	填写单据	发生金额　单位：万元					
					第一年	第二年	第三年	第四年	第五年	第六年
1	对公存款	盘面负债栏的企业存款往前移一格，到期偿还	客户经理	填写对公存款竞标表						
		填写对公存款竞标表，吸收企业存款								
		盘点负债栏的企业存款余额								
		支付所有企业存款的利息								
2	存款准备金	央行宣布的本年度存款准备金率	主办会计	无						
		以所有个人和企业存款余额为基数，上缴存款准备金								
		央行退回多缴的存款准备金								
		盘点存款准备金余额								
3	国债业务	国债往前移一格，到期兑付/提前兑付本金	客户经理	填写国债购买表						
		填写国债购买表，支付国债投资款								
		支付国债购买溢价								
		按照本年度国债余额收到国债净利息（扣减提前兑换的手续费）								
4	收到提前还贷	收到企业提前还贷本金	信贷经理	无						
		收到企业提前还贷的违约金								
5	现金盘点	现金盘点	全体成员	无						

表 6-5　政府监管

序号	业务	经营步骤	责任人	填写单据	发生金额　单位：万元					
					第一年	第二年	第三年	第四年	第五年	第六年
1	交费或奖励	支付管理费（每年 1 000 万元）	综合柜员	无						
		支付罚款等其他费用								
		获得奖励等								
2	交税	交所得税（请见利润查询模块）	会计主管	无						
3	现金盘点	期末盘面现金余额	全体成员	无						

第二节　房地产企业核心业务运营记录

房地产企业第一年至第六年相关运营记录表（包括现金管理模块、融资贷款与土地竞标模块、销售竞标与施工交付、投融资业务、外部经营业务），如表 6-6 至表6-10 所示。

表 6-6　现金管理模块

填写说明：请在每一年的发生金额一栏中填写数字后将自动生成报表，未发生请填“0”，数字前面不能用“+”或“-”号，也不用公式形式，如“300+400”。请注意，数字单位是万元，如发生金额为 1 000 万元，只需填写 1 000。请勿更改此表名称结构和任何步骤，现金余额一栏将自动计算。										
序号	经营步骤		责任人	填写单据	发生金额　单位：万元					
					第一年	第二年	第三年	第四年	第五年	第六年
期初现金余额										
1	申请开发资质	清空上年所有费用栏（含景观费），确定本期开发资质	全体成员	无						
2	资金规划	资金规划，填写学员手册表 6-3	全体成员	学员手册表 6-3						
3	理财结算	公示股票收益，支付分红款	理财经理	无						
		股票投资盈利，收到现金分红金额								
4	上年未办理的消费贷款重新办理	以前年度未办理的消费贷款余额	市场经理	消费贷款协议						
		以前年度未办理的消费贷款重新向银行申请办理，计算成功办理的金额								
		支付银行额度占用费								
5	应收应付业务	所有应付款往前移一格，到期偿还/提前偿还本金	会计主管	无						
		盘面资产项的应收款往前移一格，到期收回现金或提前贴现，支付本金								
		支付提前贴现费								
6	提前支取存款	企业存款提前取出，支付本金	会计主管	无						
		存款提前支取，支付违约金								
7	现金盘点	现金盘点	全体成员	无						

表 6-7 融资贷款与土地竞标模块

序号	经营步骤		责任人	填写单据	发生金额 单位：万元					
					第一年	第二年	第三年	第四年	第五年	第六年
1	贷款及利息结算	所有银行贷款往前移一格，到期偿还/提前偿还本金	总经理	填写对公贷款表，与银行签订企业贷款协议						
		高利贷往前移一格，到期偿还本金								
		签订贷款协议书，获得银行贷款								
		支付申请贷款的额度占用费、财务评审费和担保费；以及提前还贷或延后还贷的违约金								
		为其他企业提供担保，获得担保费								
		办理高利贷，获得现金								
		支付所有银行贷款与高利贷利息								
		被担保企业违约，本公司支付连带赔偿								
		收到违约房企偿还的连带赔偿款								
		连带赔偿确定已无法收回，记为营业外支出								
		已经转为营业外支出的连带赔偿又收回来了								
2	委托贷款	盘面负债项的委托贷款（贷）往前移一格，到期偿还/提前偿还本金	财务经理	签订委托贷款协议						
		盘面资产项的委托贷款（借）往前移一格，到期或提前收回本金								
		企业间签订委托贷款协议，获得其他企业贷款								
		企业间签订委托贷款协议，贷给其他企业金额								
		获得委托贷款的企业选择一家银行，支付代理费								
		按盘面负债项的委托贷款（贷）余额支付利息								
		按盘面资产项的委托贷款（借）余额收到利息								

表6-7(续)

序号	经营步骤		责任人	填写单据	发生金额 单位：万元					
					第一年	第二年	第三年	第四年	第五年	第六年
3	竞标与转让土地	竞标土地，填写土地竞标表，获得土地数量（亩）	运营经理	填写土地竞标表和转让表						
		竞标土地，支付土地款								
		土地竞标违约，被没收保证金或罚款								
		转出土地，填写土地转让表，计算成功转让数量								
		转出土地，相应数量的土地价值筹码移出盘面								
		转出土地，收到现款								
		转出土地的应收款								
		收购其他公司土地								
		收购其他公司土地，支付现款								
		收购其他公司土地剩余应付款								
4	竞标城建工程与盘点	一级资质房企竞标城市基础设施与配套工程	市场经理	订单						
		现金盘点								

表 6-8 销售竞标与施工交付

序号	经营步骤		责任人	填写单据	发生金额 单位：万元					
					第一年	第二年	第三年	第四年	第五年	第六年
1	股权投资	发行股票，填写股票发行表，收到股票投资款	总经理	填写股权投资表						
		购买股票，支付股票投资款								
		卖出股票，请先填写股票当年投资总价款（含溢价）								
		卖出股票，收到股票转让款								
		赎回股票，用现金支付								

表6-8(续)

序号	经营步骤		责任人	填写单据	发生金额　单位：万元					
					第一年	第二年	第三年	第四年	第五年	第六年
2	工程实施	城市基础设施与配套工程投入技术设计费	运营经理	无						
		支付城建工程的建安费								
		投入土地修建商品房，投入的土地数量为（亩）								
		修建商品房的土地价值筹码随土地一起移动								
		投入土地修建别墅，投入的土地数量为（亩）								
		修建别墅的土地价值筹码随土地一起移动								
		支付商品房的建安费，并用土地与土地价值筹码+建安费换取商品房筹码								
		支付别墅的建安费，并用土地与土地价值筹码+建安费换取别墅筹码								
3	订单竞标与交货	订单竞标，填写订单竞标单，支付广告费	市场经理	填写订单竞标单						
		订单竞标，商品房的每亩景观报价(万元/亩)								
		订单竞标，别墅的每亩景观报价(万元/亩)								
		实际交货的商品房数量（套）								
		实际交货的别墅数量（套）								
		实际交货的限价房数量（套）								
4	收取货款	所有交货获得的首付款（来源于教师端交货数据录入的现金收入）	市场经理	消费贷款协议						
		政府收购的限价房收入记 2 年期应收款								
		办理消费贷款，获得现金								
		支付消费贷款额度占用费								
		无法拿到消费贷款，记 6 年应收款								
		支付景观费和规划设计费								
		收到城市基础设施与配套工程换取的土地亩数								
		换取土地的价值筹码一起放在盘面上（万元）								

表6-8(续)

序号	经营步骤		责任人	填写单据	发生金额 单位：万元					
					第一年	第二年	第三年	第四年	第五年	第六年
5	团队管理业务	本期招募运营团队（个），保证每期末至少应有一个团队	运营经理	无						
		本期辞退运营团队（个）								
		招募/辞退运营团队，支付团队招募费								
		支付团队工资奖金（含已辞退的团队）								
		现金盘点								

表 6-9　投融资业务

序号	经营步骤		责任人	填写单据	发生金额 单位：万元					
					第一年	第二年	第三年	第四年	第五年	第六年
1	银行存款	银行存款往前移一格，到期收回/提前收回本金	理财经理	填写对公存款竞标表						
		办理银行存款								
		收到所有银行存款余额利息								
2	国债业务	国债往前移一格，到期兑付/提前兑付金额	理财经理	国债购买竞标表						
		填写国债购买竞标表，按国债原值支付国债投资款								
		支付国债购买溢价								
		按照本年度国债余额收到国债净利息（扣减提前兑换的手续费）								
3	提前偿还贷款	提前偿还未到期贷款，取走相应记账筹码	财务经理	无						
		支付提前偿还的违约金								
4	现金盘点	现金盘点	财务经理							

表 6-10　外部经营业务

<table>
<tr><th rowspan="2">序号</th><th rowspan="2" colspan="2">经营步骤</th><th rowspan="2">责任人</th><th rowspan="2">填写单据</th><th colspan="6">发生金额　单位：万元</th></tr>
<tr><th>第一年</th><th>第二年</th><th>第三年</th><th>第四年</th><th>第五年</th><th>第六年</th></tr>
<tr><td rowspan="15">年末</td><td rowspan="3">交费或奖励</td><td>支付管理费（每年管理费 2 500 万元）</td><td rowspan="3">财务经理</td><td rowspan="3">无</td><td></td><td></td><td></td><td></td><td></td><td></td></tr>
<tr><td>支付罚款等其他费用</td><td></td><td></td><td></td><td></td><td></td><td></td></tr>
<tr><td>按商品房和限价房交付数量排名获得政府奖励或其他奖励</td><td></td><td></td><td></td><td></td><td></td><td></td></tr>
<tr><td rowspan="2">交税</td><td>交增值税（请见利润查询模块）</td><td rowspan="2">会计主管</td><td rowspan="2">无</td><td></td><td></td><td></td><td></td><td></td><td></td></tr>
<tr><td>交所得税（请见利润查询模块）</td><td></td><td></td><td></td><td></td><td></td><td></td></tr>
<tr><td rowspan="2">盘点土地</td><td>期末剩余土地亩数（亩）</td><td rowspan="10">全体成员</td><td rowspan="10">无</td><td></td><td></td><td></td><td></td><td></td><td></td></tr>
<tr><td>期末剩余土地价值（万元）</td><td></td><td></td><td></td><td></td><td></td><td></td></tr>
<tr><td rowspan="4">盘点库存商品房</td><td>期末库存商品房（套）</td><td></td><td></td><td></td><td></td><td></td><td></td></tr>
<tr><td>期末库存商品房占用的土地数量（亩）</td><td></td><td></td><td></td><td></td><td></td><td></td></tr>
<tr><td>期末库存商品房的土地价值（万元）</td><td></td><td></td><td></td><td></td><td></td><td></td></tr>
<tr><td>期末库存商品房的建安成本（万元）</td><td></td><td></td><td></td><td></td><td></td><td></td></tr>
<tr><td rowspan="4">盘点库存别墅</td><td>期末库存别墅（套）</td><td></td><td></td><td></td><td></td><td></td><td></td></tr>
<tr><td>期末库存别墅占用的土地数量（亩）</td><td></td><td></td><td></td><td></td><td></td><td></td></tr>
<tr><td>期末库存别墅的土地价值（万元）</td><td></td><td></td><td></td><td></td><td></td><td></td></tr>
<tr><td>期末库存别墅的建安成本（万元）</td><td></td><td></td><td></td><td></td><td></td><td></td></tr>
</table>

附录 1 商业银行模拟运营决策仿真系统实用工具

附 1 资金规划表

表 1 商业银行资金规划表

单位：万元

	项目	第一年	第二年	第三年	第四年	第五年	第六年
1	上年现金余额						
2	归还各项到期负债						
3	支付利息及中间费用						
4	各项贷款发放总额						
5	发放票据贴现与同业拆借款						
6	购买央票/国债						
7	竞标个人存款支出						
8	存款准备金支出						
9	支付管理费 1 000 万元						
10	交纳所得税						
11	网点与存贷款团队支出						
12	其他支出						
13	支出合计						
14	各项资产到期收回本金及利息						
15	各项中间业务收入						
16	个人存款及企业存款预计新增						
17	存款准备金冲回						

表1(续)

	项目	第一年	第二年	第三年	第四年	第五年	第六年
18	其他收入						
19	收入合计						
20	剩余现金预计						
21	预计发行股票金额						
22	预计需借入同业拆借款						
23	预计需向央行再贷款						

表2　房地产企业资金规划表

单位：万元

	项目	第一年	第二年	第三年	第四年	第五年	第六年
1	上年现金余额						
2	竞标土地支出						
3	归还到期负债						
4	支付利息和中间业务费用						
5	竞标订单广告支出						
6	景观与规划设计支出						
7	建安支出						
8	国债投资						
9	放出委托贷款						
10	运营团队支出						
11	增值税和所得税支出						
12	支付管理费 2 500 万元						
13	其他支出						
14	支出合计						
15	各资产项到期本金与利息收入						
16	各产品交付现金收入						
17	其他收入						
18	收入合计						
19	剩余现金预计						
20	预计贷款金额						

附 2　商业银行公告单

表 3　__________商业银行年末贷款余额

单位：万元

	企业 A	企业 B	企业 C	企业 D	企业 E	企业 F
第一年						
第二年						
第三年						
第四年						
第五年						
第六年						

表 4　__________商业银行个人存款竞标单

单位：万元

	第一年	第二年	第三年	第四年	第五年	第六年
营销费用（最低为 100 万元）						

表 5　__________商业银行票据贴现

竞争规则：由贴现费费最低的银行优先选择，贴现费相同按提交顺序优先。						
	第一年	第二年	第三年	第四年	第五年	第六年
每 5 000 万元票据年贴现费（万元）						

表 6　__________商业银行股权发行与购买

购买规则：按溢价率高者优先满足，再按照购买规模最大者依次优先满足。						
	第一年	第二年	第三年	第四年	第五年	第六年
股权发行规模（万元）						
占股权比例（%）						
	第一年	第二年	第三年	第四年	第五年	第六年
购买规模（万元）						
溢价（万元）						

注：银行发行股票应保证控股权不变。股票发行后，每年的净利润按将股份比例在下一年分红。

股权发行的溢价与折价只通过股份占比不同反映。例如：当 A 银行股东权益为 3 亿元时，想通过股权筹资 1 亿元，如果新股东出资 1 亿元并占股 25%（总股本 4 亿元，其中新股东占 1 亿元），则表示按每股 1 元的平价发行；如果新股东出资 1 亿元只能占

1/7 股份（总股本 3.5 亿元，新股东占 0.5 亿元），表示按每股 2 元溢价发行；如果新股东出资 1 亿元并占股 40%（总股本 5 亿元，新股东占 2 亿元），表示按每股 0.5 元折价发行。

表 7 ＿＿＿＿＿商业银行对公贷款

竞争规则：由贷款综合指标得分最高的企业先选银行进行贷款，银行如果拒绝，其同等客户的贷款利率只能依次升高。 如果企业贷款综合指标得分相同，再依次比较贷款规模大小。						
	第一年	第二年	第三年	第四年	第五年	第六年
贷款最高年利率（%；不高于客户的息税前毛利率）						
对老客户/大客户最低年利率（%；不低于可用资金成本率）						
额度（万元；最大不应超过存贷比）						
最高额度占用费（%；一次性收取）						
最高财务评审费（万元；针对每笔贷款，每年收取）						

注：当企业年末的资产负债率超过 65%时，当年为该企业发放贷款的银行将被罚款。

表 8 ＿＿＿＿＿商业银行委托贷款

竞争规则：由资金需求最多的企业优先选择利率最低的委托贷款，和中间业务费率最低银行。						
	第一年	第二年	第三年	第四年	第五年	第六年
中间业务费率（%）						

表 9 ＿＿＿＿＿商业银行消费贷款

竞争规则： 消费贷款规模最大的企业先选额度占用费最低的银行进行贷款，银行如果拒绝，其同等客户的额度占用费率只能依次上升。						
	第一年	第二年	第三年	第四年	第五年	第六年
额度（万元；不应超过存贷比）						
最高额度占用费（%；一次性收取）						

表 10 ＿＿＿＿＿商业银行对公存款竞标

竞争规则： 存款规模最大的企业可以优先选择存款利率最高的银行，银行不得拒绝。						
	第一年	第二年	第三年	第四年	第五年	第六年
存款最低年利率（%）						

注：吸引企业存款，有利于降低银行存贷比。

表 11 ＿＿＿＿＿商业银行同业拆借

竞争规则：由资金需求最多的银行优先选择利率最低的同业拆借。						
	第一年	第二年	第三年	第四年	第五年	第六年
需要贷款的规模（万元）						
愿意贷出金额（万元）						
贷出款项最高年利率（%）						

注：同业借入有利于降低存贷比。

表 12 ＿＿＿＿＿商业银行国债购买

单位：万元

购买规则：按溢价率高者优先挑选，再按购买规模最大者依次优先挑选。						
	第一年	第二年	第三年	第四年	第五年	第六年
购买规模（如提前兑付，每年手续费 1%）						
愿意支付的购买溢价						

表 13 ＿＿＿＿＿商业银行竞猜房价涨幅与流动性

竞猜规则：市场流动性预测值与本年度实际值相比，在±0.1 以内得 10 分，否则超出 0.1 扣 1 分；房价涨幅预测值（目标值）与实际值偏离±2%以内，得 10 分，每超出 1%扣 2 分。						
	第一年	第二年	第三年	第四年	第五年	第六年
房价涨幅（%）						
市场流动性						

附 3　房地产企业公告单

表 14 ＿＿＿＿＿房地产公司对公贷款

竞争规则：由贷款综合指标得分最高的企业先选银行进行贷款，银行如果拒绝，其同等客户的贷款利率应依次升高。 如果企业贷款综合指标得分相同，再依次比较贷款规模大小。						
	第一年	第二年	第三年	第四年	第五年	第六年
贷款规模（万元）						

表 15 ＿＿＿＿＿房地产公司委托贷款

竞争规则：由资金需求最多的企业优先选择利率最低的委托贷款，和中间业务费率最低银行。						
	第一年	第二年	第三年	第四年	第五年	第六年
需要贷款的规模（万元）						
愿意贷出金额（万元）						
最高年利率（%；贷出方填写）						

表 16　＿＿＿＿＿房地产公司土地竞标单

单位：万元

	第一年	第二年	第三年	第四年	第五年	第六年
每亩土地报价（800 万～1 200 万元/亩，50 万元为一个报价单）						
本年度竞标土地（亩）						

表 17　＿＿＿＿＿房地产公司土地转让

竞争规则：由买入单价最高者优先挑选出让土地最多者。						
	第一年	第二年	第三年	第四年	第五年	第六年
最大出让土地（亩）						
最高出让单价（万元/亩）						

表 18　＿＿＿＿＿房地产公司股权发行与购买

购买规则：按溢价率高者优先满足，再按照购买规模最大者依次优先满足。						
	第一年	第二年	第三年	第四年	第五年	第六年
股权发行规模（万元）						
占股权比例（%）						
	第一年	第二年	第三年	第四年	第五年	第六年
购买规模（万元）						
溢价（万元）						

注：企业发行股票应保证控股权不变。股票发行后，每年的净利润按将股份比例在下一年分红。

股权发行的溢价与折价只通过股份占比不同反映。例如：当 A 企业股东权益为 3 亿元时，想通过股权筹资 1 亿元，如果新股东出资 1 亿元并占股 25%（总股本 4 亿元，其中新股东占 1 亿元），则表示按每股 1 元的平价发行；如果新股东出资 1 亿元只能占 1/7 股份（总股本 3.5 亿元，新股东占 0.5 亿元），表示按每股 2 元溢价发行；如果新股东出资 1 亿元并占股 40%（总股本 5 亿元，新股东占 2 亿元），表示按每股 0.5 元折价发行。

表 19　＿＿＿＿＿房地产公司商品房和别墅订单竞标

单位：万元

	第一年	第二年	第三年	第四年	第五年	第六年
商品房价格（150 万～200 万元，以 10 万元为一报价单位）						
别墅价格（700 万～1 000 万元，以 50 万为一报价单位）						
广告费（100 万元～上年销售额的 20%）						
商品房每亩景观投入（100 万～400 万元，每增加 50 万元，将获得 3%的销售溢价和 3%的销量增长）						
别墅每亩景观投入（规则同上）						

表 20 __________房地产公司对公存款竞标

单位：万元

竞争规则：存款规模最大的企业可以优先选择存款利率最高的银行，银行不得拒绝。						
	第一年	第二年	第三年	第四年	第五年	第六年
存款规模（至少一年期，金额至少 5 000 万元）						

表 21 __________房地产公司国债购买

单位：万元

购买规则：按溢价率高者优先挑选，再按购买规模最大者依次优先挑选。						
	第一年	第二年	第三年	第四年	第五年	第六年
购买规模（如提前兑付，每年手续费 1%）						
愿意支付的购买溢价						

表 22 __________房地产竞猜房价涨幅与流动性

竞猜规则：市场流动性预测值与本年度实际值相比，在±0.1 以内得 10 分，否则超出 0.1 扣 1 分；房价涨幅预测值（目标值）与实际值偏离±2%以内，得 10 分，每超出 1%扣 2 分。						
	第一年	第二年	第三年	第四年	第五年	第六年
房价涨幅（%）						
市场流动性						

附 4　各类协议文本

银行贷款协议

贷款方：__________银行；　借款方：__________公司；　保证方：__________。

贷款种类：__________贷款__________。

借款金额：人民币__________（大写）元整。

借款期限与利率：自第__________年至__________年，年息百分之__________，每年支付利息，最后一年还本。

银行中间业务费：财务评审费每年__________万元。额度占用费一次性收取__________万元。

保证方的担保费：每年收取__________万元。

违约责任：

抵押物：

担保责任（如有担保方）：全额补偿

银行是否可以提前收回贷款：

其他约定（如银行在什么情况下可提前收回贷款、企业主动提前还款的手续费、是否绑定消费贷款或存款等）：

（一式两份）

个人住房消费贷款协议

贷款方：__________银行；　借款方：消费者；　受托办理方：__________企业。

贷款种类：__________个人住房消费贷款__________。

借款金额：人民币__________（大写）元整。

借款期限与利率：5 年期，自第__________年至__________年，按基准贷款利率，每年由消费者支付利息，次年开始由消费者等额还本，5 年还清。

银行中间业务费：额度占用费由受托办理方一次性支付__________万元。

违约责任：

抵押物：住房

银行是否可以提前收回贷款：不可以

其他约定（如银行在什么情况下可提前收回贷款，个人主动提前还款的手续费等等）：在个人多次还款违约时可以提前收回贷款。

（一式两份）

银行存款协议

甲方：__________银行；　乙方：__________。

存款金额：人民币__________（大写）元整。

期限：自第__________年至__________年。

利率：固定利率，年利率__________%，从存款当年开始，每年领取利息，最后一年还本。

其他约定：

如企业提前支取，违约金为__________万元。（如不约定，提前支取将无须支付违约金）

（一式两份）

委托贷款协议

贷出方：__________公司；　借入方：__________公司；　保证方：__________。

委托贷款资金金额：人民币__________（大写）元整。

借款期限与利率：自第__________年至__________年，年息百分之__________，从当年开始支付利息，到期还本。

中间业务费：本委托贷款双方商定由__________银行办理，代理费__________万元由__________企业支付。

违约责任：

抵押物：

担保责任（如有担保方）：全额补偿

保证方的担保费：每年收取__________万元。

贷方是否可以提前收回贷款：

（一式两份）

同业拆借协议

贷出方：__________银行；　借入方：__________银行。

同业拆借资金金额：人民币__________（大写）元整。

借款期限与利率：自第__________年至__________年，年息百分之__________，从当年开始支付利息，到期还本。

违约责任：

贷方是否可以提前收回贷款：

（一式两份）

土地转让协议

售出方：__________公司；　买入方：__________公司。

土地交易数量：__________亩。

总价：人民币__________（大写）万元整。

其中现金支付：人民币__________万元整，赊账__________万元整，第__________年支付。

赊账不付的违约责任：

（一式两份）

股权证

__________公司/银行

股权证存根（NO.　　）

股东姓名：______________________________

出资金额：　元人民币

持有股份：　%

主办会计：

董事长：

签发日期：__________年____月____日

持证须知

一、此证为有价证券，可以按法定程序进行继承、转让；

二、此证为股东出资证明，不得作为货币流通；

三、此证经发行企业、主办会计、法定代表人签字/盖章生效；

四、此证应妥为保管，涂改无效。如有丢失，应及时向发行企业登记挂失。

股权转让记录

转让日期	出让人			受让人			过户承办人
	姓名	印鉴	身份证号码	姓名	印鉴	身份证号码	

附录 2 商业银行模拟运营决策仿真系统实验报告

题目：商业银行模拟经营决策仿真系统报告（统一名称）
格式：Word+图片或录像
提交形式：上传百度文库或豆丁，或其他互联网，要求在百度中能搜索到

一、内容

对房地产公司的贷款调查报告（经营分析报告）：应包含所有 PPT 涉及房地产公司的任务。

商业银行经营分析报告：应包含所有 PPT 涉及商业银行的任务。

总结如何做好银行大客户经理。

历年宏观经济调控总结与商业银行监管报告（仅央行和银保监会团队完成）

二、注意事项

请不要粘贴学生手册规则、操作表格、报表，粘贴篇幅超过 10%视为抄袭。请不要按每一年为标题记录决策过程，请以知识点为标题。

三、实验报告评分细则

以下每个维度占 10 分，每组上台用 PPT 展示，每组只给其他组打分，不能给自己组打分。

每个维度采取强制排名，分成 4 个等级，每个等级至少相差 1 分。

学生评分平均后，占 50%，教师评分占 50%。

维度一：分享生动性。由教师随机临时指定各组一名学生，代表全组分享本组的实验报告，越大方、生动有趣，得分越高。

维度二：专业深度。该生分享的实验报告中，应用经济学知识点越多、数据分析越深入、越能解释各步骤的决策问题，得分越高。

维度三：实验报告文档美观大方。不规定文档统一格式，但要求商务、专业、简洁、形式丰富而不花哨。